17세기 네덜란드 회화 속 차문화

욕망의 산물, 차와 도자기

일러두기

이 책은 다음과 같이 표기한다.

1. 외래어는 외래어표기법에 따랐으나 인명, 지명 등의 독음은 원어 발음을 존중해 그에 따르고, 관용적인 표기와 동떨어진 경우 절충하여 실용적인 표기로 하였다.

2. 단행본·전집 등은 겹낫표(『 』), 논문·단편 등은 홑낫표(「 」), 그 외 TV 프로그램, 예술 작품 등의 제목은 홑화살괄호(〈 〉)로 표시하였다.

3. 직접적으로 인용한 부분은 큰따옴표(" "), 재인용이나 강조한 것은 작은따옴표(' ')로 표기하였다.

4. 본문의 그림은 퍼블릭 도메인, 상업적 사용이 가능한 이미지들을 선별하여 수록하고 저작권자 및 출처를 표기하였다. 다만, 부득이하게 확인이 안 된 경우에도 해당 그림의 소장처를 정확히 기재하였다.

5. 같은 그림의 상세부분을 같은 쪽에 배치한 경우 별도의 표시는 생략하였다. 다만, 다른 장 또는 다른 쪽에 해당 그림의 상세부분을 넣은 경우에는 일부임을 표시하고 원본 페이지를 표기하였다.

17세기 네덜란드
회화 속 차문화

욕망의 산물, 차와 도자기

정은희 지음

씨
아이
알

들어가며

15세기 말 포르투갈과 스페인이 신항로를 개척하면서 대항해시대가 개막되었다. 유럽이 연 대항해시대는 이전까지 접촉이 없었던 세계를 하나로 연결하는 세계사적 변화였다. 아시아, 아메리카대륙에서 유럽으로 신기한 물건들이 쏟아져 들어왔다. 17세기에 이르자 초콜릿, 커피, 차, 담배 등 이국의 기호품들이 빠르게 유럽인들의 입맛을 길들이기 시작했다. 이전에 없었던 새로운 자극제로 유럽인들의 욕구를 충족시켰다. 유럽에서 네덜란드는 차, 커피를 주도적으로 유입했다.

네덜란드인들은 호기심 많은 탐험가였다. 16세기 포르투갈에 이어 17세기 네덜란드는 아시아에서 새롭게 부의 원천을 개발했다. 그들이 아시아에서 부를 형성할 수 있었던 데에는 동인도회사가 있었다. 포르투갈에 이어 아시아 무역 상권을 지배한 그들은 향신료 외에 다양한 문화 소비재를 선택했다. 도자기, 차, 면화, 비단, 카펫 등의 아시아 산품은 17세기 유럽 귀족과 신흥 부르주아, 예술가 등이 선호한 문화 소비재가 되었다. 아시아의 문화상품은 유럽인에게 호기심과 부러움의 대상이었다. 이들 상품 대부분은 유구한 역사와 문화를 담고 있었다. 네덜란드를 비롯한 유럽 각국은 아시아 산품에 특별한 관심을 가지며 열심히 유럽으로 이들을 실어 날랐다. 유럽에서 파견된 선교사, 무역상 등도 역사, 지리, 문화 등 아시아에 대한 정보를 끊임없이 전달했다. 유럽의 왕족, 귀족 등 부유한 엘리트들은 동양의 상품을 소유하고자 했다. 특히 17세기 네덜란드는 아시아와 적극적으로 무역하면서 역사상 가장 호화로운 황금시대Golden Age를 열었다. 당시 네덜란드는 역사상 유례없는 경제 호황으로 세계에서 가장 부유한 국가가 되었고, 네덜란드의 많은 화가들은 풍요로운 황금시대를 묘사했다.

따라서 17세기 네덜란드에는 해외에서 유입된 물산이 넘쳐나며 이국 열풍이 일어났다. 당시 네덜란드는 고가의 제품뿐만 아니라 중저가 제품, 모방품 등 다양한 제품들이 출시되어 계층과 경제적 능력, 취향에 따라 제품을 선택할 수 있는 사회였다. 암스테르담, 로테르담, 라이덴 등 도시는 즐거움과 충만함으로 가득한 풍요로운 소비사회였고, 도시의 부유한 중산층들은 소비문화의 주축이 되어 새로운 형태의 사치를 만들었다. 새로운 시대, 부를 대표하는 신흥 귀족이었던 이들이 정치 · 경제적으로 사회의 중요한 역할을 하게 되면서, 이들의 가치관과 규범, 문화 등은 사회에 많은 영향을 주었다. 이러한 모습을 한자리에 보여주는 것이 17세기 네덜란드 도시 중산층의 티타임이다.

17세기 네덜란드에서 도자기와 차는 문화를 품고 있는 세련된 사치품이자 주요한 문화상품으로, 티타임은 차와 도자기를 한자리에서 즐기는 시간이었다. 도시의 중산층들은 티타임을 통해 부유함과 이국적 취향을 과시하고자 했다. 문화를 누리며 사회적 소속감을 가지려는 사람들이 동양의 차에 호감을 가지면서 차문화가 유행하였고, 티타임에서 차가 담고 있는 문화적 상징과 가치를 소비했다. 이에 따라 티타임은 사회적 지위와 부유함을 가장 효과적으로 드러내며 자신의 정체성을 표현하는 수단이 되었다. 동양의 산품, 특히 도자기에 이어 차에 매료된 네덜란드인들은 소비를 통해 물질적 풍요로움, 취향, 안목 등을 나타냈다. 차생활은 부유한 도시 중산층들의 욕구를 충족시켜 준 것이다.

차문화는 유럽인과 만나면서 동양과는 다른 양상으로 발전했다. 처음 네덜란드인은 아시아에서 전해진 정보를 통해 낯선 기호품인 차를 학습하고 이해했다. 동양에서 전해진 차에 대한 정보가 그들에게는 차의 이미지였고 첫인상이었다. 처음에 네덜란드인들은 이를 모방하며 차를 수용했으나, 그들만의 문화를 형성하며 새로운 차의 이미지를 만들어 갔다. 동양인과의 문화 취향의 차이가 차를 소비하는 데에도 발현된 것이다. 티타임이 그들의 생활에 자리하면서, 차를 즐기기 위한 다구, 음용법, 의례 등이 동양과는 다르게 만들어졌다. 부유한 도시 중산층들의 티타임은 새로운 라이프스타일의 탄생이었으며, 과시적 소비, 사교, 여가였다.

이 책은 유럽에서 첫 번째로 차의 나라가 된 네덜란드에 대한 이야기로, 4장으로 구성되었다. 첫 번째 장 '대항해시대와 네덜란드의 차'는 향신료를 통한 대항해시대의 개막과 아시아로 향한 네덜란드, 그리고 유럽으로 전해진 커피, 초콜릿, 차에 대한 이야기이다. 두 번째 장 '욕망의 산물, 도자기와 차'에서는 17세기 네덜란드인들의 사치품으로 새롭게 등장한 도자기와 차에 대해 설명했다. 유럽이 큰 소비시장으로 떠오르자 네덜란드 동인도회사는 그 수요에 대처하기 위해 끊임없이 동양의 산품을 실어 날랐다. 따라서 당시 가장 중요한 무역품으로 급부상한 도자기와 차에 대해 자세히 살폈다. 세 번째 장 '회화에 재현된 네덜란드 차문화'에서는 17세기 네덜란드에서 차가 그들의 문화로 자리하는 과정을 그렸다. 17세기 아시아에서 전해온 차에 대한 이야기에 이어 의약품으로서의 차를 다루었다. 유럽에서 처음 차에 대한 이미지는 머나먼 곳에서 온 귀한 약초였다.

치료와 장수의 음료였던 차는 곧 부유한 중산층에게 음용되면서 기호음료로 자리하기 시작했다. 특히 티타임은 우아한 여성들에게 행복한 여가시간을 만들어 주었다. 티타임의 모습은 미니어처 세계인 인형의 집을 통해서도 만날 수 있다. 네 번째 장 '회화에 재현된 다구'에서는 동양의 음료인 차가 네덜란드의 음료가 되는 과정에서 자리한 티캐틀tea kettle 과 티캐틀 스탠드tea kettle stand, 티포트tea pot, 설탕기sugar bowl, 티스푼tea spoon, 다식접시tea food dish 등 다구를 주제로 살펴보았다.

낯선 17세기 네덜란드 차에 대한 이야기는 당시를 사실적으로 묘사한 장르화와 정물화 등의 그림으로 이해를 돕고자 했다. 그림은 글이 미처 담지 못한 내용을 보충하고 있다.

차는 언제 어디에서나 즐길 수 있는 글로벌 상품이다. 17세기 차는 유럽이라는 새로운 공간에서 학습되어졌고 점차 세계인들이 공유하게 되었다. 동양의 상품인 차는 문화로 유럽에 적응되는 과정에서 유럽인들의 관습, 취향 등에 맞게 변화되었고, 그들 나름의 차문화를 탄생시켰다. 17세기 네덜란드는 동양의 차가 유럽에 처음 자리하면서 빠르게 자신의 문화로 만들어 간 시공간이다. 17세기는 차문화가 동양에서 서양으로 점차 이동하는 시간이었고, 차가 세계인의 음료로 정착한 저변에는 17세기 네덜란드가 자리하고 있었다.

차 례

004 　들어가며

제1장 　대항해시대와 네덜란드의 차

제2장 　욕망의 산물, 도자기와 차

024 　네덜란드의 황금시대, 17세기

034 　동서교류의 산물, 도자기

057 　네덜란드 동인도회사의 무역품, 차

제3장 　회화에 재현된 네덜란드 차문화

080 　17세기, 동양의 차문화, 유럽으로 발신

098 　의약품으로서의 차

111 　차문화의 확산: 신분음료에서 기호음료로

135 　인형의 집과 차문화 공간

제4장 　회화에 재현된 다구

154 　티테이블과 보조 테이블, 발난로

166 　티캐틀, 티포트, 찻잔

184 　차통, 설탕기, 향신료통

194 　버림그릇, 다식접시, 티스푼

199 　나가며

202 　참고문헌

제1장

대항해시대와 네덜란드의 차

제1장

대항해시대와 네덜란드의 차

향신료香辛料, spice는 5천 년 전부터 중국, 이집트, 메소포타미아, 인도 등지에서 사용하였다. 향신료는 고대의 신성한 물건이었다. 후추, 계피, 생강 등의 향신료는 비싼 만큼 전설이 생겨났고, 이 전설들은 향신료 산지에 대한 상상력을 자극했다. 후각과 미각을 자극하는 향신료는 유럽인들이 지상의 낙원에서 왔다고 생각할 만큼 무한한 환상을 불러일으켰다. 또한 유럽인에게 '향신료'라는 단어는 이국적인 정취를 불러일으키는 단어였다. 16세기 포르투갈과 스페인은 황금과 견줄 만한 가치의 향신료를 찾아 동인도, 즉 아시아대륙으로 향했다. 향신료로 비롯된 이베리아인들의 부를 향한 모험의 시작은 이후 유럽인들의 탐험과 교역을 가속화시켰다. 16세기에 이어 17세기에도 향신료를 둘러싼 유럽 국가 간의 치열한 경쟁이 일어났다. 포르투갈과 스페인에 이어 네덜란드, 영국이 탐험 대열에 합류했다. 네덜란드와 영국은 향신료 외에도 면화, 도자기, 차, 커피 등 새로운 무역상품을 발견하게 된다.

아시아에서 16세기가 포르투갈의 세기라면, 17세기는 네덜란드의 세기라고 할 수 있다. 16세기 말에 이르자, 네덜란드와 영국은 아시아에서

17세기 네덜란드 회화 속 차문화_욕망의 산물, 차와 도자기

그림 1 중세의 계피 장수(15세기)와 후추 (『마르코 폴로의 모험』 삽화)

의 포르투갈 해양 패권을 위협하는 강력한 경쟁자가 되었다. 1648년 독립이 정식으로 인정될 때까지 스페인과 전쟁상태였던 네덜란드는 16세기 말부터 아시아로 향했다.

16세기 말, 조선술과 항해술이 뛰어난 네덜란드는 해상무역 강국으로 급부상했다. 네덜란드 최초의 탐험대가 1595년 암스테르담을 출발한 이후 동남아에 이르는 해로를 개척하기 시작했다. 네덜란드는 향신료를 비롯한 아시아 산품을 가지고 돌아오면서 본격적으로 항해의 시대를 열었다. 원양회사들이 지나치게 경쟁하며 선단 이익이 급격히 줄어들자, 스페인, 영국 등과 경쟁하기 위해 네덜란드는 크고 강한 회사를 설립했다. 바로 1602년 국가가 아닌 민간이 하나로 통합하여 설립한 네덜란드 동인도회사Vereenigde Oostindische Compagnie, VOC이다. 17세기 세계 최대의 회사인 네덜란드 동인도회사는 아시아에서 빠르게 상업 네트워크를 건설하여 황금 사업인 향신료 무역에 집중했다. 17세기 초, 네덜란드 동인도회사는 포르투갈보다 더 확실하게 홍해 루트(향신료 루트)를 통제했다. 후추는 인도 남부의 말라바르 해안과 수마트라섬, 계피는 실론과 인도 남서부, 정향clove은 몰루카제도, 육두구nutmug와 메이스mace는 반다제도, 회향fennel

그림 2 반다제도가 표시된 네덜란드 지도

그림 3 애덤 빌라르츠, 〈바타비아 앞바다에 정박 중인 아시아와 네덜란드 선박들〉(네덜란드 해양박물관)

은 암보니아가 주산지였다. 네덜란드 동인도회사는 실론과 몰루카제도, 수마트라, 셀레베스 등 향신료 섬들을 장악했다.

"인도에서 무역은 무기의 보호 아래 이루어지고, 무기는 무역의 이익을 위해 존재한다." 즉 무역은 전쟁 없이는 유지되지 않고, 전쟁도 무역 없이는 없다는 동인도회사의 초대 총독인 얀 피터스존 쿤Jan Pieterszoon Coen 의 말처럼 동인도제도에서의 무역은 이익을 최우선시했다. 네덜란드 동인도회사는 아시아 무역 초기에는 평화적으로 무역을 했지만, 동인도회사가 확장되면서 향신료 산지와 무역 거점을 무력으로 정복했다. 네덜란드는 후추, 계피, 정향, 육두구, 회향 등의 주요 원산지와 동맹을 맺으며 동양의 향신료를 독점 거래했다. 네덜란드 동인도회사는 한 섬에서 특정 상품만 생산하도록 했다. 향신료 무역을 독점한 네덜란드는 향신료 생산지에서 공급량과 가격을 억제하고, 유럽에서는 판매량과 가격을 최고로 유지했다.

네덜란드 동인도회사의 세력 확장은 신속하게 이루어져 17세기 초에는 동아시아의 중국, 일본에까지 진출했다. 1611년 인도네시아 자바섬에 바타비아Batavia(현 자카르타)를 건설하여 동양 진출의 근거지를 삼았으며,

17세기 네덜란드 회화 속 차문화_욕망의 산물, 차와 도자기

이후 타이완, 일본의 나가사키 등에 상관을 설치해 도자기, 비단, 차, 은과 구리 등 새로운 산품을 수입했다.

17세기 유럽의 무역품 중 기호품 공급은 눈에 띌 정도로 아시아와 아메리카대륙에서 운송되었다. 이들 기호품은 아라비아반도의 커피, 아메리카의 초콜릿과 담배, 아시아의 차로, 향신료를 대신해 유럽인의 미각을 새롭게 구성하였다. 이와 더불어 면직물, 도자기, 설탕 등의 산물이 유입되면서 유럽인의 생활은 점차 변화하였다. 이러한 기호품에 대한 문화적 반감이 일기도 했지만, 곧 약품과 기호품, 사치품으로 자리하며 17세기 새로운 라이프스타일을 만들어갔다.

17세기 네덜란드는 유럽의 어느 나라보다도 커피산업이 발달한 나라였다. 네덜란드 레이던대학교 교수인 베르나르 팔뤼다누스 Bernard Paludanus 는 절친한 친구인 린스호텐의 여행서에 주석을 달면서 커피를 뜻하는 '카오우아 Chaoua '를 언급했다. 이 책은 1595년에 네덜란드에서, 1598년에 영국에서 출간되며 유럽인에게 낯선 음료인 오스만제국의 카우오아, 즉 커피를 소개했다.

튀르키예인들은 바켈라르 Bakelaer 와 같이 특별한 열매로 만든 '카오우아'를 마시는 관습이 있다. 이집트인들은 이를 본 Bon 또는 반 Ban 이라 부른다. 그들은 1.5파운드의 열매를 볶은 후, 20파운드 정도의 물에 넣어 절반 정도가 될 때까지 끓인다. 우리가 아침에 아쿠아 콤포지타 aqua composita 를 마시는 것처럼 매우 뜨겁게 마신다. 그들은 이 음료가 활력을 주고, 몸을 따뜻하게 해주며, 통풍을 치료해 준다고 마신다.

처음 네덜란드에 유입될 당시에 커피는 부유한 중산층의 사치품이

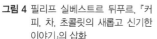

그림 4 필리프 실베스트르 뒤푸르, 『커   **그림 5** 로엘로프 코에츠 II, 〈아버지에게 커피를 드리는
피, 차, 초콜릿의 새롭고 신기한   소년〉
이야기』의 삽화

었다. 그들에게 커피타임은 우아하고 세련된 시간이었다. 17세기 후반
에 이르자 커피는 북서유럽 중산층들에게 정신을 맑게 하고 지성을 자
극하는 각성제로 환영받았다. 점차 시간이 지나면서 새로운 외식공간
인 커피하우스가 등장하였다. 커피하우스는 만남과 소통 그리고 카드
놀이 등 오락을 즐기는 새로운 공간이었다. 따뜻한 분위기를 제공하
는 그곳에서 어울리며 토론했고, 책을 읽거나 글을 쓰기도 했다. 그곳
에서는 커피, 초콜릿, 차 그리고 술 등 다양한 음료를 판매했다. 네덜란
드에서 커피하우스가 가장 처음 문을 연 곳은 헤이그였다. 이후 암스테
르담, 하를렘에서도 커피하우스가 문을 열었다. 17세기 후반 인구 20
만의 도시, 암스테르담에서는 30~40개의 커피하우스가 개점했다. 암

스테르담의 커피하우스는 증권거래소 주변을 중심으로 자리하고 있었다.

유럽에서 커피 무역은 남부는 베네치아와 마르세이유에서, 북부는 새로운 세계 무역의 교역지인 암스테르담과 런던에서 이루어졌다. 17세기 네덜란드의 바다는 세계로 열려 있었기 때문에, 네덜란드 상인들은 향신료는 물론이고, 커피, 차, 초콜릿, 설탕 등 이국의 새로운 기호품에 관심을 쏟았다. 커피가 일상의 음료가 된다는 것은 커피 공급이 원활하게 이루어졌음을 의미한다. 네덜란드와 영국 동인도회사의 국제 무역망을 통해 대량의 커피가 유럽으로 전해졌다. 네덜란드에서 커피 교역에 참가한 이들은 로테르담, 암스테르담의 상업 자본가들이었다.

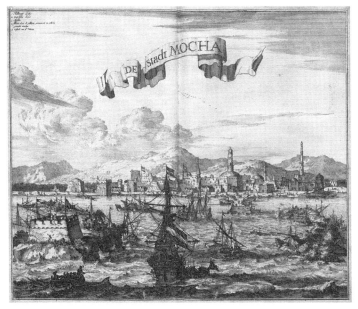

그림 6 야콥 반 뫼르스, 올퍼트 다퍼르, 〈모카 시내 전경〉(왕립도서관)

유럽의 커피상들은 커피를 얻기 위해 예멘의 모카로 향했다. 17세기 초, 영국 동인도회사가 유럽에서 가장 먼저 예멘에 닻을 내렸지만 커피수입을 위해서 정기선을 띄우진 않았다. 뒤이어 출발한 네덜란드 동인도회사는 무역품으로서 커피의 가치를 알아보고 유럽에 커피를 독점 공급했다.

1640년 네덜란드 상인 워프베인Wurffbain은 암스테르담에서 처음으로 예멘의 모카항에서 수입한 커피를 판매했다. 이후 네덜란드 동인도회사의 모카산 커피산업은 본격적으로 시작되었다. 1663년 모카항에서 출발한 커피는 정기적으로 암스테르담항에 도착했고, 네덜란드 외에도 유럽 각국에 수출되었다. 네덜란드 동인도회사는 생산지에서 싸게 구입하여 소비자에게 비싸게 팔며 엄청난 이익을 챙겼다. 네덜란드가 커피 무역에 적극적으로 뛰어들면서 커피에 대한 지식도 점차 깊어졌다.

1663년 네덜란드 동인도회사는 인도의 말라바르 해안에 커피나무를 이식한 후, 인도네시아 자바에도 커피나무 이식을 시도했다. 니콜라스 비첸Nicolaas Witsen의 주도로 자바 바타비아에서 커피 역사가 시작되었다. 암스테르담 시장과 바타비아 네덜란드 동인도회사의 사장을 역임한 니콜라스 비첸은 유럽에 한국을 소개한 인물이기도 하다. 니콜라스 비첸은 『타타르 지도』에 이어, 타타르 지역 지도에 관한 해설서인 『북부와 동부 타타르』를 집필했다. 유럽인에게 타타르는 만주, 시베리아, 중앙아시아 지역을 말하는데, 1692년에 초판에 이어 1705년에 재판한 『북부와 동부 타타르』는 이에 관한 유럽 최초의 기록이다. 니콜라스 비첸은 이 책에서 17세기 조선의 음료를 소개하고 있다. 그중 차 풍속을 보면, "조선에는 많은 차가 생산된다. 그것을 가루 내어 뜨거운 물에 타 마시는데, 온몸을 찌푸리며 마신다"고 설명하고 있다.

니콜라스 비첸의 제안에 따라 인도 말라바르의 사령관 애드리안 반 오

그림 7 피터 쉔크, 〈니콜라스 비첸 초상화〉와 타타르 지도(포르투갈 국립도서관)

먼은 커피나무를 말라바르 칸나노르에서 자바로 이식했다. 또한 빌렘 반 아웃호른 총독은 바타비아 근처의 케다웅 영지에 커피 종자를 심었지만 홍수, 지진 등 자연재해로 실패했다. 커피 종자는 아라비아산으로, 인도 의 말라바르에 이식한 것이며, 이는 1696년 자바에서의 첫 번째 시도였 다. 두 번째 시도는 1699년에 이루어졌다. 네덜란드령 동인도 총독인 헨 리쿠스 즈바르데크룬은 인도 말라바르에서 커피 묘목을 자바섬 바타비아 의 남동쪽 비다라 치나Bidara Cina에 심었다. 두 번째 시도는 성공했다. 네 덜란드는 이후 자바 등 인도네시아에서 적극적으로 커피를 재배했다. 이 후 조안 반 호른 총독은 서자바 지역에 커피농장을 개발할 것을 제안했 고, 시안주르Cianjur를 중심으로 자바의 고도가 높은 고원에서도 커피가 생산되었다. 시안주르의 커피는 바타비아에서 암스테르담으로 직송되었 다. 커피 재배지역은 자바 외 수마트라, 술라웨시, 발리 등으로 빠르게 확 산되었다. 무기질이 풍부한 화산 토양, 풍부한 강수량 등 커피 재배에 적 합한 자연환경을 지닌 인도네시아에서 네덜란드인에 의해 세계 최초의 대단위 커피농장이 탄생하였다.

16세기 후반, 카카오 원두도 중앙아메리카에서 유럽으로 정기적으로 실려온 무역품이었다. 17세기 후반에 이르자 초콜릿은 스페인, 포르투갈에 이어 이탈리아, 프랑스, 영국, 네덜란드, 독일 등 유럽 전역에 확산되었다. 유럽, 특히 가톨릭 지역인 스페인, 이탈리아, 프랑스 등에서 즐겨 음용했다. 17세기 후반 초콜릿, 차, 커피, 즉 새로운 음료에 관한 관심이 높아지자 유럽에서는 이에 관한 책이 출판되었다. 필리프 실베스트르 뒤 푸르Philippe Sylvestre Dufour 의『커피, 차, 초콜릿의 새롭고 신기한 이야기』, 조셉 바쇼Joseph Bachot 의『건강에 유익한 초콜릿 사용법』, 니콜라스 드 블레니 Nicolas de Blegny 의『질병 예방과 치료를 위한 차, 커피, 초콜릿의 올바른 용법』등이 그 예이다. 이들 책은 유럽인에게 이국의 신제품을 소개하고, 커피와 차, 초콜릿 소비를 부추길 목적으로 기획되었다.

16세기 유럽인들이 아시아로 향하면서 차에 대한 정보도 유럽에 전해졌다. 유럽인들은 선교사, 상인, 외교관, 모험가 등 아시아로 향한 이들의 기록을 통해 아시아의 음료인 차에 대해 조금씩 알게 된 것이다. 네덜란드의 상인이자 지리학자인 얀 호이겐 반 린스호텐Jan Huygen van Linschoten 의 여행서에서도 차에 대해 설명하고 있다. 그는 포르투갈 선박을 타고 동양을 여행했고, 인도 고아에서 대주교의 비서로 근무했다. 린스호텐은 고아에 근무할 당시 동인도로 향하는 항로를 꼼꼼히 복사했다. 이를 바탕으로 항해 지도, 아시아 무역과 문화 등에 관한 내용을 출판해, 이후 네덜란드, 영국 등이 동인도에서 무역을 할 수 있도록 도왔다. 아시아 향신료 무역에 관한 모든 과정을 비밀에 부쳤던 포르투갈이었지만 린스호텐의 책이 출판되자 세상 모두에게 알려졌다. 이로 인해 동인도 무역에서 누리던 포르투갈의 독점이 끝났다. 린스호텐의『얀 호이겐 반 린스호텐의 동인도 제도 항해기』는 1595~1596년에 네덜란드 암스테르담에서 출판되었

그림 8 린스호텐과 『얀 호이겐 반 린스호텐의 동인도 제도 항해기』 표지(예일대학교 베이네케 희귀도서 및 원고 도서관)

다. 이 책의 「일본에 대하여」 장에는 일본의 주거문화와 식문화가 기록되어 있으며, 일본인에게 차노유茶の湯(찻자리 의식이자 규범, 혹은 다회)가 얼마나 소중한 의식인지 설명하고 있다.

　　가옥은 나무로 짓는데 아름답고 아기자기하다. 특히 부유한 일본인들은 방바닥에 대자리를 깐다. 다양한 장식이 있어 아름답다. 은이 많이 생산되고 가공 기술이 발달해, 명공名工들이 훌륭한 솜씨로 정교한 예술품을 만든다. 일본인들은 마치 궁전에서 양육된 사람들처럼 예의범절이 반듯하고 우아하다. (중략) 식사할 때에는 각각의 작은 상에서 식탁보나 냅킨 대신 중국인처럼 두 개의 나무 막대기로 먹는다. 그들은 쌀로 빚은 술을 마시는데 곧잘 취한다. 식사 후에는 어떤 음료를 마신다. 그들은 겨울이든 여름이든 주전자에 뜨거운 물을 담아 만든 음료로, 견딜 수 있을 만큼 뜨겁게 마신다. 이 뜨거운 물은 '차Chaa'라고 부르는 특별한 허브가루를 우린 물로, 일본인들은 이를 대단히 중시한다. 지위와 재력을 갖춘 집안에서는 주인이 은밀한 장소에 차를 두고 직접 관리한다. 집에 귀한 손님이 오시면 가장 먼저 차를 권하며 극진하게 대접한다. 우리가 다이아몬드, 루비, 값비싼 보석을 귀중히 여기는 것처럼, 그들은 뜨거운 물을 펄펄 끓이는 탕관, 차를 보관하는 항아리와 차를 마실 때 사용하는 흙으로 빚은 그릇을 매우 귀하게 여긴다.

린스호텐은 네덜란드어로 '차Chaa'를 처음으로 그의 여행기에 언급했으며, 일본의 차노유, 다기의 높은 가치 등 16세기 말 일본 차문화 정보를 유럽인들에게 제공했다. 이처럼 대항해시대는 동양의 이국적인 산물로 유럽을 문명화시키고 세련되게 하는 계기가 되었다.

17세기 네덜란드 회화 속 차문화_욕망의 산물, 차와 도자기

욕망의 산물, 도자기와 차

제 2 장

욕망의 산물, 도자기와 차

네덜란드의 황금시대Dutch Golden Age, 17세기

시민 공화국 네덜란드의 탄생

16세기 초, 합스부르크가의 카를 5세Karl V가 스페인, 오스트리아, 부르고뉴를 상속받을 당시, 네덜란드도 제국의 영토가 되었다. 이때의 네덜란드는 북부 7개 주와 남부 10개 주로, 오늘날의 네덜란드와 벨기에, 룩셈부르크를 말한다. 1555년 카를 5세가 퇴위함에 따라 모든 직위를 동생과 아들에게 넘겨주면서 합스부르크가가 분열되었다. 아들이 스페인의 펠리페 2세Felipe II로 즉위하자 네덜란드는 스페인의 영토가 되었다. 펠리페 2세는 무거운 세금을 부과해 무역을 규제하는 등 강력한 통제정치를 했다. 국민 상당수가 프로테스탄트인 네덜란드는 크게 반발했다. 종교적 합의를 보지 못하자 펠리페 2세는 강압적 종교정책을 펼쳤다. 스페인의 상인을 보호하기 위해 네덜란드의 무역을 제한하고 높은 세금을 부과했다. 네덜란드는 폭정과 잔혹한 탄압에 저항하기 시작했고, 이는 독립운동으로 확대되었다.

그림 1 코르넬리스 크루스만, 〈스페인 왕 펠리페 2세가 1559년 네덜란드를 떠나 블리싱겐에서 오라녜공 빌렘 1세를 비난하다〉(암스테르담 국립미술관)

제2장 욕망의 산물, 도자기와 차

네덜란드는 펠리페 2세에 맞섰다. 네덜란드의 독립전쟁은 플랑드르 지역에서의 성상파괴운동이 맞물리면서 북부지역으로 빠르게 확산되었다. 펠리페 2세는 네덜란드에 대한 통치를 강화하기 위해 1567년 1만 명의 군대를 이끈 알바공을 네덜란드 총독으로 파견했다. 알바공은 현지 사정에 맞지 않는 세금 정책, 상업 제한 등의 정책과 분쟁재판소 설치 등 공포정치를 단행했다. 홀란트와 제일란트, 위트레흐트 총독인 오라녜공 빌렘 1세Willem I, Willem van Oranje 의 지휘하에 네덜란드는 스페인의 압정에 대항했다. 그러자 펠리페 2세는 유연한 성격의 파르마공을 파견해 가톨릭이 대세인 남쪽 주들을 그의 편으로 설득하는 데 성공했다. 이에 대항해 1579년 홀란트, 제일란트 등 북부 7개 주는 위트레흐트에서 동맹을 맺었다. 위트레흐트동맹을 기초로 하여 1581년 네덜란드연방공화국은 독립을 선언했다. 결속이 강화된 북부 7개 주는 빌렘 1세를 초대 총독으로 네덜란드 7개주 연방공화국을 수립했다.

스페인과의 계속된 전쟁은 1609년 휴전협정이 체결되었다. 이때 네덜

그림 2 (좌) 아드리안 토마스 키, 〈오라녜공 빌렘 1세〉(암스테르담 국립미술관), (우) 제라드 테르 보흐, 〈뮌스터조약의 비준〉(암스테르담 국립미술관)

17세기 네덜란드 회화 속 차문화_욕망의 산물, 차와 도자기

란드의 북부(현 네덜란드)와 남부(현 벨기에)가 완전히 분리되었다. 그 뒤에도 스페인과 교전을 계속하다가, 1648년 베스트팔렌조약에서 완전하게 네덜란드 독립을 인정받는다. 이로써 스페인과 네덜란드공화국 간의 80여 년에 걸친 오랜 전쟁이 비로소 종식되었다.

신생국 네덜란드연방공화국은 지방분권적인 연방 체제로, 7개 주는 각각 자치권과 특권을 확보하고 있어 국가의 축소판이었다. 각 주의 의회가 선출한 최고의원들로 구성된 연방의회는 연방공화국의 실질적 최고 권력기관이었다. 각 주의 의원들과 도시의 행정 요직은 재력가들이 장악하고 있었다. 한편 국가의 안녕을 책임지고 대외적으로 나라를 대표하는 행정수반은 연방의회의 총독이었다. 네덜란드 독립전쟁의 영웅인 홀란트의 오라녜나사우 가문이 총독직을 계승했다. 홀란트주는 당시 7개 주 중에서 정치·경제적으로 가장 막강한 영향력을 행사하고 있었기 때문이다.

네덜란드연방공화국의 황금시대, 17세기

북해에 인접해 있고, 유럽의 중앙에 위치한 네덜란드는 '낮은 땅, 저지대'라는 의미의 국명에서도 알 수 있듯 대부분의 지역이 해수면보다 낮아 물을 극복하기 위한 노력을 끊임없이 해왔다. 이러한 지형적 열세는 네덜란드의 경제적 발전의 동인이 되기도 했다.

16세기 신성로마제국의 황제이자 스페인 왕인 합스부르크의 카를 5세의 지배를 받은 네덜란드는 상공업이 발달해 유럽에서 소득이 높은 지역이었다. 카를 5세가 집정하던 당시 네덜란드 상인들은 '바다의 마부'라는 별칭을 얻을 정도로 이베리아반도의 무역항을 자유롭게 드나들었다. 16세기 후반 스페인에서 모든 항구를 봉쇄하자 네덜란드는 유럽 남부 무역의 출로를 잃어버렸다. 이러한 위기는 곧 기회가 되었다. 네덜란드는 더

그림 3 요셉 멀더, 〈암스테르담에 있는 네덜란드 동인도회사의 조선소와 창고〉

큰 무역상대국을 찾기 위해 해외시장 개척에 나섰다. 발달한 조선업과 해운업을 기반으로 17세기 네덜란드는 막강한 해양국가로 발돋움한다. 1602년 네덜란드 동인도회사를 설립한 네덜란드는 해상에서 스페인 함대를 무력화시켰고 17세기 해외무역을 둘러싼 치열한 경쟁에서 승리를 거두며 아시아와 아메리카 요지에 식민지를 건설했다. 특히 네덜란드는 자바섬에 바타비아를 건설하여 동양 진출의 근거지를 삼고 아시아에서 포르투갈을 대신해 향신료 무역에서 주도권을 장악한다. 향신료, 도자기, 보석, 커피, 차 등 전 세계의 상품이 네덜란드 선박으로 운반되었다. 네덜란드는 유럽의 창고이자 시장이었다. 유럽의 그 어느 나라도 신흥국인 네덜란드의 팽창을 막을 수 없었다.

작고 척박한 나라 네덜란드는 해상무역의 중요성을 깨달았다. 암스테

그림 4 헤리트 베르크하이데, 〈암스테르담 담광장의 시청사〉(암스테르담 국립미술관)

르담, 로테르담, 위트레흐트 등 네덜란드 항구에는 수많은 배들이 닻을 내렸다. 17세기 네덜란드는 유럽의 상품 집산지이자 시장이었으며, 특히 암스테르담은 북대서양의 교역 중심지로 급부상했다. 북유럽의 최대 교역도시인 안트베르펜이 쇠락함에 따라 암스테르담, 로테르담, 제일란트 등 북부 네덜란드 항구도시의 입지는 더욱 굳건해졌다. 이들 산업도시는 네덜란드의 경제성장과 더불어 인구의 도시 집중화를 가져왔다. 1627년 브뤼셀에서 암스테르담으로 여행한 어느 여행자는 네덜란드 북부는 오가는 사람들로 인산인해를 이루는데, 스페인에 속한 네덜란드 남부는 사람들이 오가는 사람이 없어 휑하다고 기록하고 있다. 하지만 17세기 후반에 이르자 세계무역의 주도권을 놓고 영국, 프랑스와 네덜란드의 갈등은 불가피했다. 18세기 네덜란드는 영국에 제1해양국으로서의 위치를 내어주며 점차 쇠락의 길로 들어섰다.

근면·성실하고 자주적인 네덜란드인들은 그들만의 독자적인 길을 개척해 나갔다. 네덜란드는 유럽의 다른 나라들에서는 볼 수 없는 국가형태를 실현했다. 당시 유럽 각국은 절대왕정 체제였지만 네덜란드는 연방공화국을 수립했다. 네덜란드는 세습 귀족이 아닌, 재산 소유 정도에 따라 계층이 구분되는 사회구조였다. 시민계층의 상업 자본가가 국가 운영을 주도한 17세기 네덜란드는 눈부신 경제발전을 이룩했다.

16세기 이후 유럽은 새로운 항로를 개척하며 아시아, 아프리카 등 대륙을 발견함으로써 세계적인 규모의 자본주의체제를 가동했다. 유럽에는 해운업자나 선박업자, 무역업자 등의 자본가들이 지배층인 사회구조가 형성되었다. 즉 중산층인 시민계급이 급부상한 것이다. 특히 네덜란드는 귀족이나 성직자가 특권층이 아닌, 무역을 통해 막대한 부를 축적한 상인 자본가들이 도시의 새로운 지배층인 신흥 귀족으로 부상했다. 행정에도 영향력을 행사한 이들을 레헨트 Regent 라 하였다. 지배층에서 귀족층과 성직자의 배제는 당시 유럽에서는 찾아볼 수 없는 사회구조였다. 바다보다 낮은 척박한 땅을 일궈 삶을 살았던 네덜란드는 시민계급에 의해 단기간 내에 유럽 제일의 해양국가로 우뚝 서고 국제무역의 중심이 되었다. 이러한 눈부신 경제발전은 경제적 힘이 바탕이 된 중산층 시민계급, 즉 신흥 귀족이 있었기에 가능한 일이었다.

당시 네덜란드는 개인의 능력과 자유가 최대한 보장받을 수 있는 열린 사회였다. 유대교, 루터교, 재세례파 등 다른 종파도 인정하자, 사람들이 플랑드르, 프랑스 등지에서 네덜란드로 이주해 왔다. 종교적 신념으로, 그리고 일자리를 찾아 네덜란드에 이주해 온 사람들은 교육 수준이 높은 지식인, 상인, 수공업자들이 대다수를 차지했다. 네덜란드 공업은 방직,

그림 5 프란스 할스, 〈하를렘 양로원의 집행부〉(프란스 할스 미술관)

섬유 표백 등 섬유산업뿐 아니라 설탕 정제업, 화학, 조선업 등이 이주해
온 이들에 의해 활기를 띠었다. 경제 분야에서 역동적인 사회가 되면서
일거리가 많아지며 도시화가 가속되었다.

　무역으로 부를 축적한 네덜란드는 부유한 시민들이 사회문화를 이끌
었다. 눈부신 경제성장으로 도시화와 핵가족화가 이루어지며 중산층이
성장하였다. 도시의 부유한 중산층들은 생활에 필요한 새로운 규범과 도
덕 그리고 엘리트 문화를 만들었다. 그들은 문화예술을 향유하며 풍요로
운 삶을 누렸다. 특히 상류층으로 부상한 대부호들은 유럽 귀족의 생활
을 모방하기 시작했다. 그들은 상인 귀족층을 형성했고, 그들만의 문화를
가꾸었다. 그들에게 가장 중요한 것은 자녀, 집 그리고 정원이었다. 그들
은 이전 세기보다 더 오랜 시간 집에 머물며 부부와 아이가 함께 하는 사
적인 공간, 가정을 만들었다. 운하변의 아름다운 별장을 구입해 사치품과

그림 6 욥 아드리안스, 베르크하이데, 〈암스테르담 거래소〉(보이만스 반 뵈닝겐 박물관)

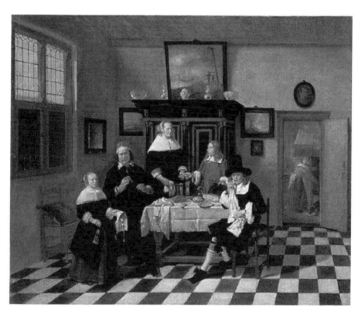

그림 7 위링 반 브레켈렌캄, 〈실내에 있는 가족〉(J. 폴 게티 미술관)

17세기 네덜란드 회화 속 차문화_욕망의 산물, 차와 도자기

예술품으로 장식했다.

　네덜란드 인구 대부분을 차지한 중산층 시민들 역시 경제적으로 넉넉했다. 상인, 자영업자, 수공업자, 군인, 농부, 어부 등이 중산층을 이루었다. 그들은 상인 귀족층을 모방해 그림, 가구, 도자기 등 예술품과 사치품을 구입하는 데 열을 올렸다. 지적 호기심도 강해 책, 지도, 판화 등을 사모으는 데도 열심이었다. 중산층의 지적, 예술적 호기심은 17세기 네덜란드 문화를 꽃피우는 결과를 낳았다.

　독립과 연방 체제의 17세기 네덜란드는 시민들의 권익을 보호하고 개인에게 더 많은 자유를 주는 나라였다. 영국의 존 로크, 프랑스의 르네 데카르트와 볼테르, 네덜란드의 스피노자 등 위대한 사상가들은 자유가 보장된 암스테르담에서 그들의 생각을 펼쳤다. 스피노자는 "번영의 나라 네덜란드는 귀족이 없으며 어떠한 계급과 종교도 공존하며 살아가고 있다"며 자유가 넘치는 암스테르담에 대해 묘사했다. 유럽에서 정치적, 종교적으로 가장 자유롭고 가장 부유한 네덜란드에서 위대한 학자, 사상가, 법학자, 과학자, 화가 등은 세상을 바라보는 새로운 시각을 제시했고, 이는 변화를 가져왔다. 세계에서 가장 풍요롭고 자유로운 17세기 네덜란드는 수많은 예술인과 학자를 끌어들여 미술과 철학, 문학, 과학, 출판산업 등 문화의 황금시대를 열었다. 철학자 스피노자, 신학자 발타자르 베커, 문학가 피터 코넬리스준 후프트와 유스트 반 덴 본델, 화가인 프란스 할스와 렘브란트 반 레인, 과학자 크리스티안 호이겐스, 법학자 휘고 그로티우스, 건축가 리븐 드 키 등 많은 학자를 배출했다. 17세기 유럽 문화의 중심지는 네덜란드였다.

동서교류의 산물, 도자기

세계 도자기의 중심, 중국

유럽인과의 만남, 중국의 크락자기

도자기는 동서양 최대의 무역상품이다. 특히 중국의 창작품인 자기는 이슬람 세계에서 코발트 안료를 제공받아 자기 산업의 혁신을 이루었다. 중국에서 탄생한 청화백자는 동서 무역을 통해 최고의 부가가치 상품으로 부상했다. 이슬람 세계를 통해 중국의 도자기를 접하게 된 유럽은 16세기에 이르자 아시아에서 도자기를 직접 수입하게 된다. 가볍지만 단단한 내구성과 매끈하고 은은한 표면, 그 위에 그려진 이국적인 문양의 도자기는 도기나 금속제 용기를 사용해 온 유럽인을 매혹시키기에 충분했다. 포르투갈에 이어 17세기 아시아 바다의 강자가 된 네덜란드는 소비처인 본국과 끊임없이 교류하며 아시아 각지의 상품을 유럽으로 실어 날랐다. 네덜란드 동인도회사가 구입한 상품 중 동양의 아름다움과 신비한 문화를 담고 있는 중국 도자기에 유럽인들은 환호했다. 네덜란드 동인도회사는 중국과의 무역이 해금령海禁令 과 천계령遷界令 으로 인해 원활하지는 않았지만, 17세기 내내 유럽에 동양의 도자기를 공급했다. 유럽에서 동경의 대상이자 신분의 상징인 동양의 도자기 수집과 감상은 상류층이라면 갖추어야 할 덕목으로 자리했다.

유럽에서 중국을 비롯한 동양 상품의 유행은 '시누아즈리chinoiserie(중국 스타일)'라는 문화적 트렌드를 만들었다. 1603년 네덜란드 동인도회사는 싱가포르 근해 말라카해협에서 1,500톤의 포르투갈 상선 산타 카타리나호Santa Catarina 를 나포했다. 배에는 중국의 비단, 청화백자, 설탕, 향신료, 장식품 등 엄청난 양의 물품이 실려 있었다. 약탈한 동양의 물품들은 경매에 부쳤는데, 유럽의 왕실과 귀족, 부호 등이 대거 참여했다. 약탈한 동양 물품의 판매 수익금은 네덜란드 동인도회사의 자본이 50% 이상 증가할 정도로 엄청난 금액이었다. 여기에서 중국 도자기가 고가로 낙찰되면서 유럽 전역에 시누아즈리 열풍이 불었다.

배에는 특히 중국 도자기 중 명대 만력연간의 청화백자가 16톤이나 실려 있었다. 수천 점에 이르는 청화백자는 공통적인 문양이 많았다. 그릇의 중앙부에는 화조문花鳥紋이나 산수문山水紋, 화훼문花卉紋, 해수문海獸紋 등의 문양을, 그리고 구연부는 6개에서 12개의 칸으로 구획한 그림창畵窓의 청화백자였다. 그림창에는 고사 인물문, 팔보문八寶紋, 식물문, 여의문如意紋 등 보조 문양을 그렸다. 산타 카타리나에서 취득한 청화백자는 유럽에서 포르투갈의 도자기 운반선Craaks의 이름을 따와 '크라자기Kraak porcelain'라 칭했다. 중국에서는 난징청화백자南京靑畵白磁, 일본에서는 크라자기의 문양이 활짝 핀 부용꽃을 닮았다 하여 부용자기芙蓉磁器라 했다. 크라자기는 명대 만력제萬曆帝(재위 1572~1620) 재위기부터 명 왕조가 끝나는 1644년까지 주로 수출되었다.

그림 8 크락접시, 중국 징더전(암스테르담 국립미술관)

크락 양식의 청화백자는 미델부르크르, 암스테르담 경매에서 프랑스의 헨리 4세, 영국의 제임스 1세를 비롯한 유럽의 왕실과 귀족층이 경쟁적으로 구입했다. 유럽의 왕실과 귀족 혹은 상인들은 중국 도자기, 특히 크락자기 구매에 열을 올렸다. 지위와 부 그리고 품위를 상징하는 크락자기는 점차 그들의 취향을 담은 문양을 담아 주문하기도 했다. 중국의 크락 양식의 청화백자는 일본, 베트남 등 아시아 여러 국가와 유럽에서도 모방품이 생산될 정도로 엄청난 인기를 누렸다.

17세기 중국과 네덜란드 동인도회사의 도자기 무역은 판매 계약을 먼저 체결한 후, 네덜란드가 계약금을 선지급하면 중국이 도자기 수출판매를 책임지는 방식으로 거래되었다. 이때 네덜란드 동인도회사는 샘플을 그리거나 제작하여 중국에 도자기를 의뢰하기도 했다.

17세기 아시아에서 도자기 무역을 독점했던 네덜란드는 중국 자기를 유럽 각지로 판매하였다. 암스테르담, 런던, 파리 등 유럽의 주요 도시에는 중국 도자기를 판매하는 전문가게가 생기기도 했다. 영국의 시인 사무엘 존슨이 "포르투갈 왕과 유럽의 군주들은 중국 팬시 상품에 빠져 있다"고 꼬집을 정도로 어마어마한 양의 중국 도자기가 수입되었다. 중국의 자기는 상품을 넘어서서 문화로 자리했다. 특히 크락자기는 네덜란드에서 선풍적인 인기를 끌었는데, 이는 17세기 네덜란드의 많은 장르화와 정물화에서 확인할 수 있다. 특히 중국 도자기는 정물화에서 애정하는 마음과 삶의 허무 등의 메시지를 담고 있다.

네덜란드의 중국 도자기에 대한 관심은 기호와 생활에 어우러진 도자기 주문으로 이어졌다. 1608년 중국 도자기를 주문한 VOC의 주문표를 보면, 다음과 같다.

그림 9 피터 클라즈, 〈칠면조 파이가 있는 정물〉(암스테르담 국립미술관)

버터접시(고급품) 5,000개, 접시(고급품) 5,000개, 겨자단지 1,000개, 큰 접시 1,000개, 큰 사발(고급품) 또는 조금 작은 사발 1,000개, 손잡이와 출수구가 있는 술 주자注子 500개, 1파인트pint 들이 술 주자를 만들 수 있다면 500개, 큰 잔(고급품) 500개, 작은 접시 또는 맛보기 접시(고급품) 500개, 과일 접시(고급품) 2,000개, 소금 접시(만들수있다면) 1,000개, 큰 접시 200개

네덜란드 동인도회사는 많은 양의 도자기를 중국에 주문했다. 위의 주문서에 '만들 수 있다면'이라는 말이 덧붙여져 있는 것처럼 도자기를 소유하고픈 열망은 주문으로 연결되었다. 네덜란드에서 중국 도자기는 실내 장식품에 이어 식기로 부유한 이들의 사랑을 받았다. 또한 도자기는 식기와 더불어 차, 커피, 펀치 등의 새로운 여가를 위한 용기도 주문되었다. 중국을 비롯한 동양의 도자기는 유럽인의 생활양식과 기호에 맞춘 형태와 문양으로 점차 변화했다. 생활용품에서 장식품까지, 상품부터 하품까지 다양한

중국 도자기들이 유럽으로 유입되었다. 중국 자기를 좋아하는 마음은 수집에만 머물지 않고 유럽인들의 생활양식 변화에 큰 영향을 미쳤다.

그림 10 빌렘 칼프, 〈중국 단지, 앵무조개컵과 기타 물건이 있는 정물〉, 중국 단지 상세부분(마드리드 티센 보르네미서 국립박물관)

　화폭에 이국적인 물건을 가득 담은 빌렘 칼프Willem Kalf의 정물화는 당시 부유층들이 좋아했다. 칼프의 정물화를 집 안에 걸어둠으로써 취향을 충족시켰고 부를 과시했다. 이러한 그림들은 세속적인 취향과 허영심이라는 의미도 있지만 현세의 영화로움이 부질없음을 일깨우기도 했다. 중국의 청화백자는 부의 과시, 취향 충족, 부질없는 현세의 부유함 등을 표현하는 소재로 쓰였다. 그의 작품 대부분에는 청화백자가 있다. 정물화에 담긴 이국적인 물건은 명대 청화백자 단지만이 아니다. 빌렘 칼프의 〈중국 단지, 앵무조개컵과 기타 물건이 있는 정물〉에는 튀르키예산 양탄자를 살짝 깐 대리석 탁자 위에 앵무조개컵, 은쟁반 위의 명대 도자기 단지와 커틀러리cutlery, 반쯤 벗겨진 레몬, 크리스털 와인잔 등 이국적인 물건으로 가득 채워져 있다. 정물화의 중심에 희고 투명한 백토에 섬세하게 문양을 그린 중국 단지가 눈에 띈다. 단지는 청화 바탕 위에 도교의 선인仙人을 양각했고, 덮개의 꼭지 부분에는 조그만 장식을 달아 화려함을 더했다. 중국에서 만들어졌지만, 네덜란드에서 금은보석으로 꼭지와 테두리를 장식해 단지를 한층 돋보이게 했다. 단지는 설탕기나 펀치그릇으로 쓰였다. 단지는 실용품이자 장식품으로 손색이 없다.

네덜란드에서 사랑받은 도자기, 청화백자는 청신한 색조와 우아한 문양으로 17세기 유럽에서 큰 인기를 누렸다. 청화백자는 시기별로 다른 색채와 문양으로 중국의 관요와 민요에서 꾸준히 제작되었는데, 전통적인 문양은 물론이고, 유럽인의 기호와 생활 습관, 문화 등에 맞게 제작되어 수출되었다. 네덜란드 동인도회사는 고급자기는 중국 장시성江西省의 징더전景德鎭, 중저급자기는 푸젠성福建省의 장저우漳州를 중심으로 수입했다.

청화백자의 고향, 징더전

16세기 포르투갈에 이어 17세기 네덜란드가 중국에서 열정적으로 수입했던 도자기는 징더전의 청화백자가 대표적이다. 원대 몽골인 취향의 백자 위에 서아시아의 코발트 안료로 그림을 그리고, 그 위에 유약을 입힌 유하채釉下彩 청화백자를 완성하였다. 14세기 전반 징더전은 고도로 숙련된 노동력을 갖춘 공인工人들이 분업화하여 대량생산을 위한 시설을 갖추고 있었다. 14세기 이후 고도로 체계화된 징더전의 도자산업에서 도공은 품격을 갖춘 예술가로 거듭나며 채색 회화 장식 위주로 변화했고, 이는 유행을 낳았다. 한계를 이겨낸 도전으로 탄생한 원대 청화백자 대부분은 동남아시아, 서아시아 등 해외시장에 수출되었다. 청화백자는 중국의 해외 수출용 도자기였다.

명대는 징더전의 도자산업에 변화와 발달을 가져온 시대이다. 징더전에 황실 전용 자기를 굽는 어기창禦器廠을 설치하며 관요와 민요의 체제가 정립되었다. 특히 선덕제(재위 1425~1435) 이후 관요에 황제의 연호가 붙으면서 관지 자체가 브랜드가 되었다. 황제의 이름이 곧 브랜드가 된 징더전의 관요는 기술 혁신을 거듭하며 국산 코발트로 수묵 문인화를 그리기에 이른다. 성화연간(1465~1487)에 이르자, 예술적 완성도가 높은 우아하고 세련된 청화백자가 생산되었다. 자기의 태토는 투명해졌고, 기벽이 얇고 가벼워졌다. 명대 후반인 가정연간(1522~1566)에 이르면 오채五彩, 두채斗彩. 豆彩 등 채색자기彩色瓷器가 징더전에서 활발하게 생산되었다. 이어 융경·만력연간(1567~1572 · 1572~1620)은 채색자기의 전성시대였다. 이 시기 징더전의 채색자기는 청화백자와 더불어 대표 수출 도자였다. 국력이 쇠퇴한 가만연간嘉萬年間에는 관요와 민요가 서로 경쟁하는 국면이 나타

그림 11 빌렘 클라즈 헤다, 〈아침식사 정물〉(함부르크 쿤스트할레 컬렉션)

났다. 이 시기 관요에서 상당수 관탑민소官搭民燒 제품이 생산되었고, 민요의 도자기가 관요를 능가할 정도로 징더전의 자기는 높은 수준에 이르렀다.

네덜란드 동인도회사는 중국의 도자기를 구입해 유럽으로 실어 날랐다. 명대에 이어 청대에도 징더전의 수출 자기에 대한 유럽의 열기는 뜨거웠다. 하지만 명청 교체기 새로운 왕조에 대한 반발이 계속되며 징더전에서는 관요를 쉽게 열지 못했다. 징더전의 도자산업이 정체상태에 놓이자, 네덜란드 동인도회사는 엄청난 수요에 부응하기 위해 부족분을 일본, 베트남 그리고 네덜란드 델프트에서 채웠다.

청대 오삼계의 난 등이 진압되면서 점차 국내정세가 안정되던 강희연간(1661~1722)에 문화가 크게 발전했다. 오삼계의 난으로 파괴된 징더전의 관요는 순치연간(1643~1661)에 개시되었지만 뚜렷한 성과는 없었다. 청의 황금기를 연 강희연간에 이르자 명대 전통을 계승하여 황실용 자기가 생산되었다. 특히 강희연간에 무역항 봉쇄 조치가 해제되면서 징더전의 관요와 민요에서 활발하게 제작되었다. 관요에서는 완성형 청화백자라 불릴 만큼 최고 수준의 도자기가 제작되었다. 민요 역시 높은 수준의 청화백자가 생산되며 징더전은 수출자기의 명성을 회복했다. 17세기 유럽은 중국의 청화백자와 오채의 아름다움에 매료되었다. 17세기 후반이 되면 벽난로나 수납장 위에 도자기를 진열하는 실내장식을 하는 가정이 점차 생겨났다. 중국 자기를 진열하기 위한 장식장 혹은 선반이 만들어지기도 했다. 코르넬리스 드 만Cornelis de Man, 피터 드 호흐Pieter de Hooch, 야코부스 브렐Jacobus Vrel 등의 네덜란드 장르화에는 진귀한 도자기가 진열된 모습을 볼 수 있다.

16세기 중후반 이후, 유럽인 취향의 도자기가 징더전을 비롯한 장저

그림 12 야코부스 브렐, 〈소녀를 향해 손을 흔드는 창가의 여인〉(마우리츠하위
스 왕립미술관)

우, 더화 등에서 본격적으로 생산되었다. 유럽의 상인들은 이들 도자기를
대부분 중국 남부지역에서 밀무역을 했다. 16세기 후반, 서아시아를 넘어
유럽도 징더전 도자기의 소비자가 되었다. 네덜란드 동인도회사가 설립
된 1602년부터 강희연간인 1682년까지 수입한 중국 도자기만 해도 3,000
만에서 3,500만여 점이나 되었다. 명청대 징더전은 중국 도자의 최고 생
산지였다. 서아시아를 비롯한 유럽에서 징더전의 자기는 중국의 상징이
되었다. 징더전의 도자기는 일본, 네덜란드, 독일, 영국 등 여러 나라의
기준이 되었다.

중국의 민요 수출 도자: 장저우요, 더화요, 이싱의 자사호

17세기 중국의 징더전요, 장저우요漳州窯, 더화요德化窯, 자사호紫沙壺 등이 유럽으로 수출되었다. 이들은 독특한 기형과 문양의 민요로, 17세기 유럽에서 인기 있었다.

장저우요는 푸젠성의 장저우, 핑허, 화안, 장푸, 퉁안 등 중국 남부에서 생산된 민요를 말한다. 명대 말기 유럽으로 수출한 장저우요는 유럽에서는 스와토 도자기라 부른다. 푸젠의 장저우 외에도 푸젠의 더화, 광둥의 산터우와 차오저우 등에서 생산된 도자기가 처음 산터우에서 수출되었기 때문에 스와토 자기Swatow ware, 汕頭窯라 불렀다고 한다. 이후 장저우요는 명나라 말 장저우부 지우룽강에 위치한 위에항月港(현 룽하이龙海)에서 해외로 수출되었다. 장저우요는 광둥성의 따푸, 루핑 등지에서도 생산되는 등 규모가 매우 넓었다. 동남연해 지역에서 생산된 장저우요는 명·청대 무역도자를 목적으로 형성된 대표적인 민요였다.

장저우요는 청화백자와 더불어 채색도자도 생산하였다. 완碗, 접시, 잔과 주전자 등 일상기가 주를 이루었는데, 꽃과 새, 사슴, 봉황, 물오리, 용, 풍경, 배 등 다양한 문양이 도자기에 시문되었다. 그중 수壽, 복福, 선善 등의 문자를 도안화한 것도 있고, 크락자기 문양도 있다. 명말청초의 장저우요를 동시대 징더전요와 비교해 보면 기벽이 두껍고, 태토가 거칠지만 유약이 가지각색이고 문양은 자연스러우면서 자유로운 것이 특징이다. 징더전요가 고급 자기라면, 장저우요는 중저급 자기라 할 수 있다. 영국 햄하우스Ham House 에서 장저우의 백자 차호를 볼 수 있는데, 이곳의 티포트는 네덜란드나 영국의 동인도회사의 일원이 개인 무역으로 유입한 것으로 추정된다. 장저우요는 명대와 함께 기울어, 청대에서는 대부분의 가마가 생산을 하지 못했다. 수출도자에서는 장저우요의 뒤를 더화요가 이어갔다.

그림 13 (좌) 스와토 접시(만력연간, 퍼시벌 데이비드 재단), (우) 징더우 접시(프린세스호프 국립도자박물관)

더화요德化窯 는 푸젠성 더화현 일대에서 생산되는 백자이다. 중국의 도자기는 '남청북백南靑北白'이라 하여 남쪽은 주로 청자가 생산되었는데, 더화요는 북쪽의 형요邢窯, 정요定窯 등 백자를 이어받았다. 더화요는 얇고 견고하며 부드러운 광택을 지녀 유럽, 특히 프랑스에서 블랑 드 신 Blanc de Chine, 中國白 이라 했다. 그리고 백옥을 연상시켜 상아백象牙白, 저 유백猪釉白, 벨벳 백鵝絨白 이라고도 불렸다. 산화철의 함량이 매우 적어 따뜻한 상아색인 더화 백자는 같은 시기 징더전 백자와는 또 다른 분위기이다.

마르코 폴로Marco Polo 는 더화 백자를 가장 먼저 유럽으로 전했다. 그는 여행기에 더화에서 다양한 기형의 아름다운 도자기porcelain 가 대량 생산된다고 했다. 마르코 폴로가 말한 '포슬린porcelain'은 바로 유백색의 더화 백자를 보고 희고 반투명의 조개껍질과 비슷해서 붙인 단어이다. 유럽인들이 잠시 잊고 있었던 더화 백자는 유럽에 17세기 말부터 수출되기 시작했다.

더화의 백자는 뛰어난 품질로 "세계의 백자는 중국에, 중국의 백자는 더화에 있다"고 할 만큼 명성을 얻었다. 더화의 백자는 네덜란드 동인도 회사가 수입한 이후 유럽인들의 사랑을 듬뿍 받았다. 불교와 도교 인물,

그림 14 마리아 관음, 더화요(난토요소 컬렉션, 일본)

잔, 향로, 꽃병, 촛대, 필통 등이 더화에서 백자로 만들어졌다. 특히 불상이 이름났는데, 온몸에 하얀 천을 두른 '백의관음보살' 조각상은 유럽인들에게 성모 마리아의 모습을 연상시키며 인기가 높았다.

장쑤성 이싱宜興의 자사호紫沙壺는 중국의 차 마시는 방식이 명대 이후 찻잎을 우리는 방식으로 달라지면서 전문적인 차호茶壺로 자리했다. 자사호는 비교적 흡수성이 강하고 공기 투과성이 좋아 차의 향기를 유지시킨 실용적 다기이다. 포다법泡茶法의 시대에 이르자 자사호는 문인과 차 애호가들의 환영을 받으며 차를 위한 기물로 자리했다.

네덜란드 동인도회사는 17세기 중반 이후 차와 함께 자사호를 수입했다. 명말청초 네덜란드 동인도회사의 징더전 도자기 무역은 어려웠지만, 중국 남부지역과의 무역은 그럭저럭 유지되었다. 그들은 중국 남부지역의 민요 자기와 이싱의 자사차호를 수입했다. 네덜란드 델프트에서는 이싱의 자사차호를 모방한 붉은 티포트 red stoneware 를 만들기도 했다. 17세기 후반 이후, 이싱의 자사호 모방품은 네덜란드에 이어 영국, 독일에서도 만들어졌지만 곧 사라지게 된다.

그림 15 이싱 자사호(암스테르담 국립미술관)

일본 무역품, 이마리 도자기: 자기의 탄생과 성장 · 발전

오다 노부나가 시대에는 거의 모든 다이묘들이 천하의 명물 다구를 손에 넣기 위해 최선을 다할 만큼, 당시 명물 다구는 자신의 위세를 과시하는 정치적 행위였다. 명물 다구로 진행된 다회는 성공한 다이묘의 표상이었다. 도요토미 히데요시 시대는 차노유의 정치화가 더욱 심화되었다. 차노유는 과시의 대상이자 심신을 수련하는 길이었다. 차노유에서 무작위, 즉 자연스러움을 추구하는 찻사발은 그들의 차 정신인 와비侘び · 사비寂び 정신을 잘 담고 있었다. 도쿠가와 이에야스 시대에는 차의 정신은 여전했지만, 다도를 정치에 이용하는 일은 점차 쇠퇴했다.

일본은 백자 제작에 관심을 가졌다. 히젠 사가의 번주 나베시마 가쓰시게鍋島勝茂 가 그 선두였다. 17세기 초, 아리타有田 이즈미산泉山 에서 자기의 원료인 도석陶石을 발견한 조선의 이삼평李參平은 덴구다니가마天狗谷窯에서 일본 최초로 자기를 생산했다. 조선 도공에게서 자기 생산의 원천기술을 얻은 나베시마 번주는 사가번의 도공을 아리타에 이주시키며 자기를 제작토록 명했다.

초기 아리타 도자기는 차노유에는 적합했지만 중국 징더전의 자기와는 경쟁할 수 없었다. 아리타 도자기는 소박하고 담박한 미감에서 점차 정교하고 화려한 미감으로 바뀌었다. 조선 도공에 의해 자기의 시대를 연 일본은 도자기 선진국인 중국의 도자기를 목표로 삼았다. 17세기 중반 아리타 도자기는 새로운 기술 도입과 혁신을 빠르게 거듭하면서 징더전 자기와 대적할 수 있을 만큼 발전했다. 청화백자, 용천 청자 등 중국 모방품을 생산한 일본은 빠르게 독자성을 확보해 갔다. 1616년 조선의 도공에 의해 탄생한 아리타 도자기는 수수한 조선의 도자기와는 달리 화려한 일본 스타일의 자기로 거듭났다.

17세기 중반 중국은 명청 교체기로 격변의 시기였다. 왕조가 교체된 혼란한 시기 징더전 관요가 폐쇄되자 고급 도자기 공급에 심각한 차질이 발생했다. 17세기 중반은 네덜란드 동인도회사가 중국산 청화백자의 새로운 소비자가 되어 대량 수입하던 때이다. 수요는 폭발적으로 증가하는데, 중국에서 공급은 급감했다. 따라서 네덜란드 동인도회사는 대체품을 찾아야 했다. 당시 네덜란드와 유일하게 긴밀한 무역 관계를 맺고 있던 일본이 도자기 산업의 신생국이었다. 네덜란드 동인도회사는 규슈의 아리타에서 자기를 생산하고 있음을 발견하고 1659년 일본에 도자기를 주문하였으며, 일본은 아리타 도자기를 56,000여 점 납품했다. 중국의 요업이 정상화되기까지 일본은 유럽 자기 시장의 공백을 충실히 메꾸었다. 아리타를 전진기지로 한 일본의 도자기는 네덜란드 동인도회사에 의해 유럽에 수출되었다. 아리타 도자기는 이마리伊万里 항구를 통해 수출되었는데, 유럽인들은 이 수출항의 이름을 따 이마리 도자기伊万里焼라 불렀다.

네덜란드 동인도회사는 그들이 원하는 도자기를 일본이 생산하도록 유도하며 유럽 시장의 수요를 채웠다. 초기 네덜란드 동인도회사는 일본에 중국 수출자기인 청화백자, 특히 크락자기의 모방품을 대량 주문했다. 이는 중국의 청화백자에 대한 수요를 반영한 결과였다. 빠르게 발전한 일본의 도자 기술은 17세기 중후반에 이르자 중국 징더전의 도자 기술과 비교해도 손색이 없을 정도의 수준이었다. 일본은 곧 중국 징더전의 색깔을 지우고 독자적인 양식의 도자기를 제작했다. 일본의 색채를 지니면서 그들의 기호에 맞는 자기 생산으로 빠르게 발전했다. 이후 일본 도자기는 일본의 경제발전은 물론이고 유럽에서 자포니즘Japonism을 일으키는 원동력이 되었다.

17세기 일본의 도자산업은 일본만의 미감과 기술 혁신으로 이루어진 결과물이다. 이마리 도자기는 청화백자 외 고구타니古九谷, 나베시마鍋島, 카키에몬柿右衛門, 긴란데金襴手 등 일본만의 독특한 양식의 자기를 생산했다. 대담하고 화려함을 지닌 고구타니 양식과 일본 전통 디자인과 여백의 미를 지닌 나베시마 양식에 이어 1670~1680년대 카키에몬 양식을 생산하였다. 특히 카키에몬 양식은 도자 기술이 급격히 발달하면서 생산한 일본 특유의 채색자기이다. 명대 채색자기를 모티브로 하여 붉은색을 비롯한 다양한 색채로 표현한 화려한 카키에몬은 조선의 백자기술과 중국의 상회上繪 기술을 결합시킨 양식이다. 이후 카키에몬 양식은 금채金彩를 더하며 긴란데 양식으로 변화했다.

자기의 문양은 크락자기와 같은 디자인 외에도 'VOC'의 로고, 나뭇잎과 화조도, 인물과 풍경 외에도 추상적인 문양 등 다양했다. 유럽의 상류

그림 16 고구타니 티포트와 나베시마 양식 접시, 카키에몬 접시

층 중에는 일본 도자기에 특별하게 관심을 두는 이들이 점차 증가하였다. 이에 따라 티포트 혹은 커피포트, 맥주컵, 소스통, 인형 등 유럽인의 생활 용품과 장식품들이 많이 수출되었다. 일본은 중국과는 다른 개성으로 도자기 수출시대를 열었다.

일본은 중국의 자기 수급에 공백이 발생하자 징더전의 대용품인 청화 백자로 그 기회를 잘 메우면서 단기간에 세계 도자 시장에서 입지를 확보했다. 이후 일본은 기존 자기와는 차별화된 색다른 디자인의 채색자기를 유럽 시장에 내놓음으로써 일본 도자기의 충성 고객을 확보했다. 중국의 징더진이 정상화되자, 네덜란드 동인도회사가 중국에 이마리 도자기를 모방한 '차이니스 이마리chinese imari'를 요구할 만큼 이마리 도자기는 유럽시장에서 인기가 높았다. 18세기 네덜란드의 델프트, 독일의 마이센, 영국의 우스터, 로얄 크라운 더비 등 유럽의 도자기 회사에서도 이마리 도자기를 모방한 유러피언 이마리가 생산되었다. 중국에서 자기가 다시 생산되고, 유럽에서 자체적으로 자기를 생산하면서 일본의 자기 수출은 점차 쇠퇴하였다.

그림 17 17세기에 생산된 일본산 도자기. 왼쪽부터 네덜란드 동인도회사 마크 VOC가 새겨진 접시, 아리타(피바디 에섹스 박물관), 맥주잔, 아리타(암스테르담 국립미술관), 면도용 접시, 이마리(암스테르담 국립미술관)

그림 18 차이니스 이마리 항아리(강희연간, 호르헤 로얀, CC BY-SA 3.0)

네덜란드 도자기: 델프트

이탈리아 도자기: 마욜리카와 메디치가의 도기

유럽인에게 자기porcelain는 신비한 존재였다. 중국 자기에 대한 최초의 기록은 13세기 마르코 폴로의 『동방견문록』이다. 앞에서 이야기했듯 마르코 폴로는 조개처럼 단단하고 반질반질한 반투명의 자기를 보고 '포슬린porcelain'이라 했다. 유럽인들에게는 포슬린, 즉 자기는 신비한 존재였을 뿐, 16세기까지 직접 만들려고 하지는 않았다. 이슬람의 영향을 받은 스페인을 비롯한 유럽 각국에서는 도기만 생산하고 있었다.

17세기 네덜란드 회화 속 차문화_욕망의 산물, 차와 도자기

중국의 청화백자는 16세기 유럽 사회에 문화적 충격을 안겨주었다. 중국의 청화백자에 매료된 유럽인 중 르네상스를 맞이한 이탈리아에서 도자산업을 시작했다. 이탈리아는 이슬람 세계에서 전수받은 기술로 마욜리카Majolica와 메디치가Medici family의 도기를 제작했다. 아름다운 채색도기 마욜리카는 엄숙한 그림을 담으며 16세기 내내 유럽에서 인기를 구가했다. 이후 마욜리카의 도자 기술이 프랑스, 네덜란드, 영국 등 유럽 각국에 확산되면서 유럽 각지에서 도자기가 생산되었다.

그림 19 마욜리카(메트로폴리탄 뮤지엄)

16세기 후반에 이르면 중국의 청화백자를 모방한 도자기가 피렌체에서 만들어졌다. 메디치가 공방으로, 동양의 도자기에 도전했다. 메디치가의 공방에서는 프란체스코 1세의 후원하에 튀르키예 이즈니크 도자기의 영향을 받아 도기를 제작했다. 이즈니크 도자기는 중국 명대 청화백자를 모방한 도기였다. 메디치가의 도자기는 백색 유약을 두툼하게 칠하며 중국 도자기를 모방했지만 기술 부족으로 이즈니크 도자기 수준에도 미치지 못했다.

그림 20 (좌) 모스크 램프, 이즈니크 도자기(영국박물관), (우) 물 주전
자, 메디치 도자기(메트로폴리탄 미술관)

동양의 도자기 모방품, 네덜란드의 델프트 도기

이탈리아의 마욜리카는 알프스를 넘어 북유럽으로 전파되었다. 이탈
리아 도자기에 영향을 받은 유럽의 각국은 동양과 같은 품질의 도자기 개
발에 몰두했다. 그중 네덜란드의 도전이 가장 강력했다. 네덜란드는 중국
의 청화백자 모방품을 만들어 확대된 수요층에 대응하고자 했다. 네덜란
드의 도자산업은 급속도로 성장하여 당시 유럽 도자기와는 격이 다른 수
준에까지 올랐다. 색깔과 문양, 형태는 중국과 비슷했지만 자기의 주요
소재인 고령토를 알지 못해 중국과 같은 자기는 아니었다. 17세기 네덜란
드가 만든 도자기는 바로 중국 도자기의 대체품 도기였다.

네덜란드 최초의 도자기는 1500년 이탈리아 도공 귀도 다 사비노 Guido
da Savino가 안트베르펜에서 제작하였다. 이후 안트베르펜이 스페인의 통
치하에 놓이게 되자, 상당수 도공들이 종교의 자유를 찾아 네덜란드 북부
와 독일, 영국으로 이주했다. 이주한 도공들에 의해 미델부르크, 하를렘,
델프트, 암스테르담, 로테르담 등에서 도자기가 생산되었다. 그중 자위트

홀란트주의 델프트는 네덜란드 동인도회사의 주주 도시 중 하나로 양조업과 직물제조업이 주를 이루는 산업도시였다. 1584년 헤르만 피터르스존Herman Pieterszoon은 델프트에서 첫 도자기 제작소를 개장했다. 1640년경부터 많은 델프트의 도예가들이 개인 모노그램과 고유한 공장 마크를 사용하며 델프트 도자의 시대를 열었고, 1654년 화약 폭발 사고로 상당수의 양조장이 파괴되면서 델프트는 점차 도자기 도시로 바뀌었다. 17세기 후반 30여 개의 도자기 제작소가 세워질 만큼 델프트는 17세기 네덜란드 대표 도요지였다.

중국의 청화백자가 유행하면서 델프트의 도자기 제작소들은 푸른색 코발트 안료로 문양을 그린 도기 제작에 집중했다. 1640~1740년대 델프트웨어Delft ware는 유럽을 넘어 아시아까지 수출할 정도로 전성기를 맞이하게 된다. 당시 네덜란드의 다른 지역에서 생산된 도자기들도 델프트의 산품이라고 할 정도로 델프트웨어는 네덜란드 도자기를 대변했다.

델프트에서는 이탈리아에서 전해진 도자 기술을 바탕으로 중국 자기를 모방한 청화도기가 제작되었다. 태토에 주석유약으로 표면을 하얗게 바르고 저온으로 구운 후, 그 위에 코발트 안료로 중국풍 문양을 그리고 투명유약을 발라 고온으로 다시 굽는 도기였다. 이제까지 도기는 높은 온도에서 구우면 물감이 날아가 버렸지만 델프트의 코발트는 끄떡없었다. 이는 마욜리카 도기보다 한층 발전된 개량품이었다. 중국의 청화백자와 비슷해 '델프트 블루Delft blue'라고도 불렸다. 델프트 블루, 델프트 블랙, 갈색유약 델프트, 오채자기 외에도 이싱의 자사호를 모방한 델프트 레드웨어Redware도 만들어졌다. 델프트의 레드웨어는 17세기 후반 네덜란드에서 동양의 차에 관심을 갖게 되면서 탄생한 자연스러운 결과물이었다. 델프트에서는 동양의 도자기를 모방한 다양한 다기들이 만들어졌다.

17세기 네덜란드의 델프트웨어는 이후 영국에서도 만들어졌다. 마욜리카보다 고온에서 구워도 색상이 유지되었고, 두께도 얇아진 델프트웨어는 기존의 유럽 도자기와는 격이 다른 고품질의 도기였다. 동양 도자기의 최상급 모조품인 델프트웨어가 생산되면서 보다 많은 사람이 도자기를 소유할 수 있었다.

그림 21 (좌) 징더전 자기를 모방한 델프트 병(암스테르담 국립미술관), (우) 이싱 자사호를 모방한 델프트 티포트(빅토리아 앨버트 박물관)

명청 교체기 중국 징더전에서 도자기 수입이 어려워지자, 일본의 이마리 자기 외에도 델프트웨어가 그 자리를 차지했다. 이후 델프트웨어는 가정용품은 물론이고 장식품, 타일 등 다양한 품목을 생산했다. 중국의 모방품에서 시작한 델프트웨어는 동양 도자기에서 한계를 느끼며 독자적인 모습을 선보였다. 유럽 풍경, 네덜란드의 풍속, 장식품, 타일 등 문양과 기형 등에 있어 델프트웨어만의 고유한 양식을 구축해 갔다. 도자기 채색화가 프레데릭 반프라이톰Frederik van frytom 이 델프트웨어에 그린 풍경화를 보면, 델프트웨어가 네덜란드식으로 바뀐 모습을 만날 수 있다. 도자기 신발, 바이올린, 중국 탑 등을 본뜬 도자기도 제작되었다. 델프트웨어는 고객의 요구에 부응하며 폭넓은 스펙트럼의 도자기를 생산했다.

영국 제임스 2세의 딸인 메리공주는 1677년 네덜란드의 오라녜공 빌렘 3세와 결혼한 후 네덜란드에서 결혼생활을 했다. 네덜란드에서 생활할 당시 그녀는 델프트 블루의 열렬한 애호가였다. 그녀는 네덜란드의 여름 별장 헤트로궁의 실내 장식을 델프트의 드 그리크체 A De Grieksche A 에 맡겼다. 명예혁명으로 윌리엄 3세(오라녜공 빌렘 3세)와 영국의 공동 왕이 된 메리 2세의 델프트 블루에 대한 사랑은 영국으로 이주한 후에도 여전했다. 건축과 실내장식을 의뢰받은 다니엘 마로 Daniel Marot 는 햄프턴 코트궁의 실내를 델프트웨어로 장식했다. 이국의 식물을 사랑한 여왕답게 햄프턴 코트궁에서 가장 유명한 델프트웨어는 꽃병이다. 중국의 탑을 형상화한 튤립 꽃병으로, 여름에는 장식품으로 벽난로 옆에 자리했다. 다니엘 디포 Daniel Defoe 는 메리 2세의 도자기에 대한 열정을 다음과 같이 기록하고 있다.

> 여왕폐하께서는 이곳에 훌륭한 저택을 마련했다. 더없이 훌륭하게 갖추어져 있어, 사적으로 조용히 머무르고 싶을 때 편안하게 쉴 수 있었다. (중략) 이곳에는 여왕폐하의 델프트 도기들이 있는데 참으로 규모가 크고 훌륭하다. 영국에서는 일찍이 볼 수 없었던 엄청난 양의 빼어난 도자기들이 전시되어 있다. 긴 회랑이 도자기들로 채워져 있음은 물론이고, 눈에 띄는 모든 곳에 도자기들이 놓여 있다.

델프트웨어는 실용기 외에도 바이올린, 신발, 꽃병, 항아리 등 다양한 장식품, 그리고 건축자재인 타일도 만들어졌다. 특히 델프트 타일은 인

그림 22 피터 드 호흐, 〈어머니의 의무〉(암스테르담 국립미술관)

그림 23 (좌) 피라미드식 화탑, 델프트(암스테르담 국
립미술관), (우) 구두, 델프트웨어(메트로폴리탄
박물관)

17세기 네덜란드 회화 속 차문화_욕망의 산물, 차와 도자기

테리어 장식과 청결 유지, 뛰어난 내화성과 내습성으로 많은 사랑을 받았다. 타일은 굴뚝이나 난로 주변, 부엌 등에 붙였는데, 이는 17세기 중산층의 일상을 담은 장르화에서 빈번하게 묘사되었다. 17세기 많은 정물화에는 음식이 담긴 델프트의 식기를 보여주고 있다.

징더전의 청화백자를 모방한 델프트 블루로 명성을 얻었던 델프트웨어는 이후 중국의 자사호, 일본 자기의 모방품도 만들어졌다. 델프트웨어는 유럽인들의 동양에 대한 환상과 깊은 관심으로 만들어졌다. 비싼 동양의 자기를 구입할 수 없었던 많은 유럽 사람들이 상대적으로 싼 델프트웨어를 찾으며 인기는 급상승했다. 델프트웨어는 18세기로 넘어가는 시기, 그만의 색깔을 갖추며 더욱 번성하였다.

델프트웨어는 영국, 독일 등 유럽의 도자산업에 큰 영향을 주었다. 1709년, '백색 금'이라 불리는 경질자기가 요한 프리드리히 뵈트거Johann Friedrich Böttger와 그의 동료들에 의해 만들어진 후, 1710년 독일의 마이센에서 대량 생산되었다. 유럽에도 이제 자기의 시대가 도래했다.

네덜란드 동인도회사의 무역품, 차

서양의 사치품, 동양의 산품

바스코 다 가마Vasco da Gama가 아시아 항로를 개척한 이후, 유럽은 빠르게 세계사의 주역으로 부상했다. 17세기 유럽 국가들은 아시아에 일방적인 무역을 했다. 포르투갈, 네덜란드, 영국 등 유럽 각국이 아시아와 아메리카 대륙에서 구입한 상품들은 사치품에서 점차 세계 상품이 되었다. 유럽에 의해 만들어진 세계 상품은 향신료를 필두로, 차 · 커피 · 초콜릿 · 설탕 · 담배 등 기호품과 도자기, 직물 등 가공품이다.

〈표 1〉은 1619~1700년까지 아시아에서 유럽으로 유입된 산품과 그 무역량이다. 네덜란드만의 구매 품목과 무역량 수치는 아니지만 17세기 아시아 무역 패권을 차지한 네덜란드인 만큼 표에 나타난 무역 품목과 차지하는 비중에 절대적인 영향을 미쳤을 것이다.

〈표 1〉 아시아에서 유럽으로 수입되는 상품

	1619~1621		1648~1650		1668~1670		1689~1700	
	거래액**	%	거래액**	%	거래액**	%	거래액**	%
향신료	510,400	17.6	1,127,700	17.8	1,306,800	12.1	1,755,000	11.7
후추	1,638,500	56.4	3,168,900	50.3	3,294,000	30.5	1,680,000	11.2
설탕	−		403,200	6.4	453,600	4.2	45,000	0.3
차*	284,200	9.8	535,500	8.5	626,400	5.8	1,245,000	8.3
초석	−		132,200	2.1	550,800	5.1	585,000	3.9
금속	2,900	0.1	31,500	0.5	615,600	5.7	795,000	5.3
직물	466,900	16.1	894,600	14.2	3,942,000	36.5	8,205,000	54.7
기타	−		12,600	0.2	10,800	0.1	60,000	0.4
합계	2,902,900		6,274,800		10,789,200		15,000,000	

* 차는 차, 커피, 약재, 향수, 염료 등을 포함한다.
** 거래액 단위: 길더
출처: 주경철, 「네덜란드 동인도회사와 아시아교역: 세계화의 초기단계」, 『미국학』 28집, 서울대학교 미국학연구소, 2005. p. 15.; J.R. Bruijn, F.S. Gaastra, I. Schöffer, *Dutch-Asiatic Shipping in the 17th and 18th Centuries*, The Hague, Nijhoffk Vol.1. 1987, p.192. 재인용.

무역 품목 중 유럽 각국이 17세기 동안 가장 많이 본국으로 보낸 품목은 후추와 정향 · 육두구 · 계피 등의 향신료이다. 향신료의 비중을 보면, 17세기 중반 이전까지는 70%를 차지할 정도로 엄청나지만 17세기 중반 이후부터는 현격히 감소한다. 17세기 중반까지만 해도 향신료는 유럽에서 부유함과 권위를 보여주기에 좋은 아이템이었지만 이후 과잉 공급되자 사치품으로서의 기능을 상실해 갔다. 이에 비해 17세기 중반까지만 해도 무역 비중이 작았던 직물은 17세기 후반에 이르자 절반이 넘을 정도로 비중이 커졌다. 인도산 면직물은 린넨의 대용품으로 식탁보와 침대보, 커튼 등 실내장식에 활용되었다. 유럽은 아시아에서 향신료와 직물 외 설탕, 차, 초석 등을 구입했다. 설탕은 17세기 중·후반에 조금 구입하다 감소하는데, 여기에는 아메리카대륙에서 설탕이 생산되었기 때문이다. 초석 역시 설탕과 같이 아메리카대륙으로 생산지가 옮겨지며 아시아에서 수입하는 양이 미미해진다. 금속 중 은은 유럽의 화폐를 위해 구입했다. 차, 커피, 약재, 향수, 염료 등이 포함된 품목, 차의 교역량은 10% 이내이다. 차는 유럽의 아시아 무역에서 극히 일부를 차지하고 있다. 하지만 차에 포함된 산품 중 대표성을 띤 것으로 보아, 그중 가장 많은 양을 수입하는 산품임을 알 수 있다. 향신료, 직물 등 아시아 산품은 17세기 유럽 경제를 활성화시킨 중요한 동력이었다.

17세기 네덜란드는 세계 물류의 중심이었다. 네덜란드 동인도회사의 국내 교역소에서는 상품의 판매와 유통, 제조 등이 활발히 이루어졌다. 차 외에도 향신료, 직물, 도자기, 커피 등 아시아의 산품은 교역소를 통해 유럽 각국에 판매되었다. 그곳은 유럽의 수출입을 관장한 경제특구로, 새로운 유행을 생성하는 진원지였다.

네덜란드 동인도회사의 성공으로 이곳에 종사하는 상인과, 네덜란드 동인도회사와 관련한 선박업, 유통업, 제조업 종사자들은 부유한 도시 귀족으로 부상했다. 그들은 검소와 절제, 즉 개신교적 삶의 태도를 지녔지만 한편으로는 풍요로운 삶을 과시하고 싶어 했다. 그들은 아시아의 사치품으로 집안을 장식했고 여가를 즐겼다. 아시아 사치품의 소비를 통해 부와 지위를 과시했고, 미적 욕구와 세련됨을 드러냈다.

17세기 후반에 이르자 부유층들 사이에서는 해외에서 유입된 사치품

그림 24 얀 요제프 호레만스 2세, 〈티타임〉(안트베르펜 왕립미술관)

으로 여가생활을 즐기는 문화가 생성되었다. 집에서는 티타임과 같은 새
로운 풍습이 자리했고, 이국의 기호품을 즐기는 외식 공간인 커피하우스
도 생겨났다. 그들은 티타임에서 오감을 자극하며 과시욕을 드러냈고, 인
적 네트워크를 형성하며 여유로움을 즐겼다. 이들은 화려한 연회뿐 아니
라 과시적인 장르화를 통해 이국의 사치품을 온전히 향유했다. 사치재 혹
은 그 모방품으로 상류층의 소비패턴을 모방한 서민들도 점차 생겨나기 시
작했다.

네덜란드 동인도회사의 차무역

15세기 대항해시대 이후, 광범위한 지역에서 새로운 무역 산품이 연결되면서 세계 경제는 빠르게 변화해 갔다. 인도양의 세계에 들어온 유럽 국가들은 동인도회사를 조직해 경제적으로 큰 이윤을 얻고자 했다. 유럽에서 첫 번째로 아시아의 패권을 차지한 포르투갈은 상교일체商敎一體를 취하며 선교와 향신료 무역에 주력했다. 포르투갈의 아시아 무역품은 향신료 외 비단, 목재, 도자기 등도 있었지만 많은 양은 아니었다.

포르투갈이 동양에 무역 거점을 구축한 16세기, 동양으로 향한 유럽의 상인, 선교사, 사업가, 탐험가들은 아시아에 관한 정보들을 쏟아냈다. 차에 관한 기록 역시 이들의 기록을 통해 유럽에 전해졌다. 조반니 라무지오Giovanni Battista Ramusio의『항해와 여행』, 마테오 리치Matteo Ricci와 니콜라스 트리고Nicolas Trigault의『중국에서의 그리스도교 선교』, 얀 호이겐 반 린스호텐의『얀 호이겐 반 린스호텐의 동인도 제도 항해기』등이 그 예이다.

한편 아시아 음료에 대한 관심은 수입으로 이어졌다. 동인도에서 포르투갈의 세기인 16세기에는 차에 대한 정보가 유럽으로 끊임없이 전해졌다. 하지만 포르투갈은 차를 무역품으로 일정하게 수입하지는 않았다. 차를 무역품으로 인식해 유럽에 본격적으로 수입한 나라는 네덜란드였다. 16세기 말, 네덜란드 상인들은 자바섬의 반탐에 상관을 열고 아시아 무역의 기초를 이룩했다. 1602년 네덜란드 동인도회사를 설립하자 네덜란드는 아시아 무역의 최강자로 급부상했다. 17세기 네덜란드 동인도회사는 인도네시아 자바의 바타비아 본부에서 다양한 상품 교역을 주도했으며, 바타비아는 두 문명이 만나는 창구, 즉 문화 교섭지였다. 네덜란드 동인도회사의 바타비아 본부는 아시아에서 새로운 교역품 사업을 강화했는데, 그것은 바로 중국과 일본에서 만난 차였다. 17세기 초 중국과 일본의 차는 네덜란드의 무역품이 되어 유럽 땅을 밟았다. 17세기 차무역은 네덜란드의 사업이었다.

〈표 2〉 네덜란드 동인도회사의 암스테르담 경매에서의 커피와 차의 평균 가격(길더/파운드)

연도	커피	차	연도	커피	차
1686	1.27	3.1	1695	2.55	4.8
1687	판매실적 없음	10.6	1702	1.18	4.0
1688	판매실적 없음	8.8	1703	1.15	-
1690	0.86	7.8	1710	1.55	-
1692	0.57	7.5	1711	-	4.1
1693	0.81	4.2	1718	1.18	5.3
1694	1.28	4.8	1719	1.42	4.1

출처: *Netherlands National Archives*, *Allgemeen Rijksarchief*, The Hague, papers of Johannes Hudde, file 18; Netherlands East India Company(Vereenigde Oostindische Compagnie), file 6989.

〈표 2〉는 1686년부터 1719년, 네덜란드 동인도회사 암스테르담 옥션의 차와 커피 수입 현황이다. 차는 커피에 비해 월등히 많은 양을 수입했다. 당시 네덜란드인들은 커피보다 차를 훨씬 더 선호했다.

17세기 네덜란드 동인도회사는 향신료, 직물, 도자기 등 아시아의 거의 모든 산품을 주도적으로 구입했다. 그들은 본국과 인도네시아 자바의 반탐과 바타비아 본부 그리고 아시아 각지의 상관을 무역 네트워크로 하여 본국과 아시아 무역 그리고 현지 무역을 수행했다. 바타비아 상관의 주도로, 아시아의 낯선 산품들이 네덜란드에 빠른 속도로 유입되었다. 이에 따라 17세기 네덜란드의 생활문화가 빠르게 변화했다. 이 변화의 중심에는 암스테르담, 로테르담, 델프트 등 교역소를 설치한 네덜란드 동인도회사가 있었다. 아시아의 산품이 들어오면 교역소, 즉 항구에서 경매가 이루어졌다.

1610년 소량의 찻잎을 담은 항아리가 반탐을 거쳐 네덜란드에 들어왔

17세기 네덜란드 회화 속 차문화_욕망의 산물, 차와 도자기

그림 25 안드리에스 베크만, 〈바타비아성〉(암스테르담 국립미술관)

다. 차의 시장성을 내다본 네덜란드 동인도회사의 이사회에서는 동양에
서 차를 수입하기로 결정했다. 1620년대 네덜란드 동인도회사는 차를 별
도의 항목으로 표시했다. 차가 네덜란드 동인도회사가 거래하는 동양의
이국적인 상품 중 하나로 자리한 것이다. 당시 네덜란드의 해부학극장에
서 해부와 부검 외에 희귀한 수집품을 전시했는데, 그중 하나가 차였다.
17세기 후반으로 갈수록 차 수입량은 늘어났다. 1685년 네덜란드 동인도
회사의 본국 17인 위원회가 바타비아 총독에게 보낸 편지에서 이와 같은
상황을 잘 알 수 있다.

　　우리는 다음과 같이 결정했습니다. 신선한 차 2만 파운드를 우리가 요
　　구한 대로 포장해서 보내 주십시오. 예전처럼 시간이 오래 경과되어 차

가 손상되면 가치가 없어집니다.

17인 위원회는 구매에 관한 모든 것을 결정했다. 17인 위원회의 구매 지시로 차가 네덜란드에 도착하면 경매를 통해 판매되었다. 경매가 시작 되기 전 네덜란드 동인도회사는 경매의 시간, 장소, 상품 등에 대한 설명 과 양을 기술한 팸플릿을 발행했다. 1733년 11~12월에 발행한 팸플릿을 보면, 암스테르담에서 중국차를, 또 다른 항구에서 혼합차를 판매한다는 내용이 보인다. 네덜란드 동인도회사 대리인들의 주문 외에도 상관에서 음용하기 위해 구입하기도 했다. 상관 직원들이 돈을 벌기 위해 사적으로 차를 구입해 판매하기도 했다. 17세기 차무역은 주로 향신료, 직물 등이 지배한 네덜란드 동인도회사의 작은 애착이었다.

17세기 네덜란드 동인도회사에서 수입한 차는 네덜란드 외에도 프랑 스, 독일, 영국 등 유럽 각국으로 판매되었다. 영국은 네덜란드 동인도회 사의 가장 중요한 외국 고객이었다. 17세기 후반에 이르며 유럽에서 차가 점차 관심 산품으로 떠오르자, 네덜란드 동인도회사는 인도네시아 자바 의 바타비아에서 차 재배를 시도한다. 1684년 네덜란드 동인도회사에서 근무한 안드레아스 클레어는 일본의 차 종자를 바타비아에 관상용으로 심었다. 이전 근무지인 일본 데지마 상관에서 일본의 식물을 연구한 그 의 차 재배 시도였다. 1694년 선교사 프랑수아 발렌틴은 바타비아의 총독 을 지낸 요하네스 캄페스의 저택에서 관상용으로 중국산 차나무를 보았 다고 보고했다. 17세기 말 이후 차가 네덜란드 동인도회사의 관심 작물이 되면서, 인도네시아 자바에서 차 재배 시도가 계속 이루어졌다. 중국은 차나무 종자와 묘목의 유출을 막고, 재배와 제다기술 등을 비밀에 부쳤지 만, 19세기에 들어가며 네덜란드 동인도회사는 일본 상관에서도 차 연구에 관심을 갖도록 장려했다. 1826년, 네덜란드 동인도회사가 설립한 보고르식물원에 차 종자가 성공적으로 심어졌다. 1827년 서자바 가루트의 시스루판 실험 정원에서도 차나무가 시험 재배되었다. 와나야사(현 푸르와카르타), 노호(현 반유왕이) 등에서도 차나무 재배가 시도되었다. 차 농장이 늘어나면서 차 가공공장도 세워졌다. 여기에는 1828년 중국의 차나무 종자와 중국의 차 재배 기술자를 데려 온 야콥센Jacobson의 공헌이 컸다. 요하네스 반 덴 보쉬 바타비아 총독은 자바에서 차나무 재배를 장려하며 인도네시아를 차 생산지로 만들었다.

아시아에서 번영을 구가하던 네덜란드 동인도회사는 점차 쇠퇴의 길을 걷는다. 17세기 후반이 되면서 영국은 네덜란드의 강력한 경쟁국으로 부상했다. 중상주의 보호무역 정책과 막강한 해군력을 바탕으로 한 영국은 18세기에 점차 아시아 무역에서 우위를 차지하여 갔다. 당시 영국이 아시아에서 가장 관심 가졌던 산품은 직물과 차였다.

바다의 마부 네덜란드와 중국차

화이질서華夷秩序가 지배한 중국의 외국과의 무역은 조공무역朝貢貿易 체제였다. 조공무역은 무역과 더불어 정치·외교적 기능까지 수행했다. 화이질서는 국가 간의 외교와 무역, 문화교류를 강조하고 있지만, 실은 불평등한 제도였다. 16~17세기 이러한 중화 질서에서 유럽 국가가 상관을 설치해 경제활동을 한다는 것은 거의 불가능했다. 중국은 유럽 회사들과 정기적이고 직접적인 무역을 허용하지 않았다. 17세기 중국은 폐쇄된 사회였다.

아시아 항로를 개척한 포르투갈은 16세기 초부터 중국과 통상을 맺고자 노력했다. 1557년 명 조정은 포르투갈에게 마카오에 무역거래소 설치하는 것을 공식적으로 승인했지만 중국 본토와의 교역은 원활하지 않았다. 포르투갈은 마카오를 근거지로 삼아 사무역에 만족해야 했다.

마카오를 조차한 포르투갈이 경쟁 세력의 접근을 막고 있었기 때문에 네덜란드 동인도회사의 접근은 어려웠다. 1604년 아모이Amoy, 廈門에 도착한 네덜란드는 푸젠福建성에서 중국과 무역을 시작하였다. 네덜란드는 16세기 후반 유럽의 해운업에 이어, 17세기 들어 아시아를 비롯한 세계 해양 무역의 대부분을 장악했기에 바다의 마부라 불렸다. 17세기 초, 명과의 정식 교역을 위한 네덜란드 동인도회사의 노력이 계속되었다. 1622년 7월 이후 2년여 간 네덜란드 동인도회사는 푸젠 연해를 봉쇄하며 중국에 무역을 요구했다. 네덜란드 동인도회사는 중국에 대한 통상을 실현하기 위해 펑후澎湖에서 무역 요구를 했지만, 1624년 네덜란드 동인도회사가 펑후에서 철수함으로써 끝났다. 그해 네덜란드는 타이완에 질란디아요새Fort Zeelandia, 安平古堡를 세우고 무역을 하였으며, 네덜란드 동인도회사는 1624~1662년에 이곳에서 차를 거래했다. 주로 푸젠성에서 온 선박들에게 차를 공급받았다. 중국의 상품과 시장이 절실했던 네덜란드는 주

그림 26 디에고 루쉘, 〈질란디아요새〉(질란디아요새 박물관)

로 중국의 남동해안과 질란디아, 바타비아에서 사상私商을 통한 밀무역을
했다.

　사무역을 허용하는 개해開海가 광저우, 장저우의 위에항月港 등 몇 곳
에서 시행되기는 했지만 해금海禁은 지배적인 명明의 정책이었다. 해금
은 해적 방지와 밀무역 단속을 위한 무역과 국방, 외교 정책이었다. 백성
들의 바다로의 출입을 막고 대외무역을 봉쇄했지만, 생계를 위협받은 연
해 주민들은 불법도 마다하지 않았다.

　청대淸代 초기는 명대明代 보다 더욱 강화된 천계령遷界令을 시행했다.
차, 비단 등 값비싼 산품의 수출을 법으로 금했다. 자유무역을 위한 네덜
란드의 노력은 청대에서도 계속되었다. 1655년 네덜란드는 중국과의 무
역협정을 체결할 목적으로 대사를 파견했다. 네덜란드는 직접 교역을 성
사하기 위해 많은 선물을 가지고 베이징으로 향했지만, 그 결과는 좋지

그림 27 요한 니우호프, 『네덜란드 동인도회사 중국 황제 방문 사절단』

그림 28 요한 니우호프, VOC 대사관의 중국 경유 여정을 상세하게 기록한 지도

못해 제한적인 교역만 이루어졌다. 무역사절단으로 참가했던 요한 니우
호프Johan Nieuhof 는 대사 일행의 광주에서 베이징까지의 여정과 그곳에서
본 중국의 동식물, 풍속 등을 『네덜란드 동인도회사 중국 황제 방문 사절
단』에 담았다. 이후 해적이 들끓고 반청세력이 일어날 조짐이 보이자 다
시 해금령이 엄격하게 시행되었다. 그러나 이 시기에도 밀무역이 성행
했다.

　대외무역에 전기轉機 가 찾아온 것은 청대 강희연간이다. 1684년 강희
제는 개해開海 완화를 공식 선언했다. 유명무실한 시박사市舶司 를 폐지하
고 해관海關 을 설치했다. 월해관廣州, 민해관夏門, 절해관寧波, 강해관雲臺
山 등 네 곳의 해관에서 해외무역을 관리했다. 광저우, 샤먼(아모이), 닝보

17세기 네덜란드 회화 속 차문화_욕망의 산물, 차와 도자기

등의 연해에 수많은 선박이 몰려들었다. 개해가 선언되자 유럽 상선들의 경쟁이 치열해지며 무역에 활기를 띠었다. 당시 아모이의 차상인들은 민난어閩南語로 차茶를 'te'라 했다. 아모이를 비롯한 푸젠성의 무역 파트너인 네덜란드인들은 그들을 따라 차를 'thee'라 했다.

17세기 후반부터 18세기 전반, 네덜란드 동인도회사의 중국과의 차무역은 아모이, 닝보 등을 중심으로 중국의 남동해에서 해상무역 네트워크가 이루어졌다. 1757년 중국이 유럽 선박의 기항을 광저우로 한정한 일구통상一口通商 정책을 실시하자, 광저우를 중심으로 유럽 상선들의 무역이 활성화되었다. 중국 상선에 대해서는 규제가 있었지만 황실의 도항증명서가 있으면 해외로 출항할 수 있었다.

중국은 네덜란드 동인도회사가 갈망한 시장이었으나 명말청초인 17세기에는 자유로운 교역이 어려웠다. 중국의 명은 왜구 침입을 방지하고 국제무역의 독점과 관리를 위해 해금정책海禁政策을 펼쳤다. 이에 생활이 힘든 남동 연해의 소상인과 서민들은 일본, 네덜란드 등과 밀무역을 하기도 했다. 밀무역을 하는 사상私商의 세력이 커지자, 명 조정은 엄격하게 사私무역을 통제하기보다 관리로 전환했다. 명 왕조가 멸망하고 청 왕조가 들어선 초기에는 반청세력을 통제하기 위해 해금정책을 실시했다. 하지만 시간이 경과하면서 민간무역을 일부 허용했다. 이는 남동 연해 서민들의 강한 요구도 있었지만, 청 왕조 역시 경제활동을 원활하게 하기 위함이었다. 네덜란드 동인도회사는 중국 남동부 연해지역에서 사무역과 중개무역을 통해 물품을 확보했다.

중국에서 차는 당대唐代 차마무역茶馬貿易 이후 정부의 보호와 감시를 받는 중요한 전략상품이었다. 차는 중국에서 해외 반출이 금지된 산품으로, 단순한 교역품이 아니었다. 17세기에 이르자 유럽인들은 중국 차의 새로운 구매자가 되었다.

네덜란드 상인들은 중국의 광둥성과 푸젠성, 일본 규슈의 나가사키에서 차를 구입해 타이완의 질란디아, 자바의 반탐과 바타비아로 보냈다. 그곳에서 차는 다른 상품들과 함께 네덜란드로 운송되었다. 네덜란드 동인도회사는 인도네시아의 자바와 수마트라, 말레이시아, 필리핀 등에 무역하러 온 중국 선원들에게 차를 공급받기도 했다. 그들은 일본차를 우수하다고 생각했지만, 중국차는 가성비 좋은 상품이었다. 네덜란드 동인도회사는 쉽게 구입할 수 있고 수익성이 높은 중국차에 관심을 가지고 처음에는 극히 소량의 차를 수입했지만 점차 그 양을 늘렸다.

17세기 후반에 이르면 바타비아 본부는 대부분의 차를 중국에서 수입했다. 중국은 유럽의 차 수요를 해결해 주는 공급원이었다. 중국에서 네덜란드까지 차의 여정은 험난했고 오랜 시간이 걸렸다. 판매상들은 안후

그림 29 야콥 얀스, 코어맨, 〈바타비아 네덜란드 동인도회사 최고 상인 피터 크놀과 그의 가족〉(암스테르담 국립미술관)

17세기 네덜란드 회화 속 차문화_욕망의 산물, 차와 도자기

이성, 푸젠성, 저장성 등 차산지에 가서 차농茶農들에게 차를 구입했다. 그들은 차를 분류하고 포장해 도매상에게, 그리고 도매상은 유럽인에게 판매하기 위해 중국 남동연안으로 가져갔다. 봄에 채취한 차는 9월쯤 중국 남동연안에 도착했다. 네덜란드 동인도회사는 광저우, 마카오, 샤먼 등 중국 남동연안의 상인들과 사무역을 통해, 혹은 질란디아, 바타비아 등 상관에 온 상인들에게 구입했다. 그러나 네덜란드 동인도회사가 1662년 거점지인 타이완을 잃자, 질란디아에서의 차 중계무역은 막을 내렸다. 중국 외에도 포르투갈 선박에 의해서도 차는 바타비아로 운송되었다. 바타비아에서 차는 도자기, 비단, 향신료 등과 함께 선적되어 네덜란드로 출발했다. 이렇게 차가 중국 산지에서 유럽의 소비자에게 도착하기까지는 18개월에서 24개월이 소요되었다.

1667년 1월 25일, 바타비아 총독이 본국의 네덜란드 동인도회사 이사회로 보낸 서신에는 차에 대한 기록이 있다.

> 지난해 우리는 푸젠성에서 대량의 찻잎을 마지못해 구입했습니다. 양이 너무 많아 자체적으로 처리할 수 없어, 네덜란드로 운송하기로 했습니다.

1685년 4월 6일 서신은 네덜란드 동인도회사 본부의 이사회에서 바타비아 총독에게 보낸 내용 중 일부다.

> 사적으로 여러 경로를 통해 운반되는 차가 많다는 것을 참작하여 우리는 앞으로 차를 주요 상품으로 결정했습니다. 2만 파운드의 신선한 고급 차를 주문하니, 시장의 수요에 따라 운송해 주십시오. 값나가는 묵은 차나 저질 차는 안 됩니다.

17세기 후반에 이르자 차는 유럽인들의 관심을 받는 기호품으로 부상했다. 네덜란드 동인도회사가 본국을 비롯한 유럽에서 차를 높은 가격에 판매하기 위해서는 신선한 차를 수요에 맞게 구입하는 것이 관건이었다. 또한 품질 좋은 차를 구입하는 것도 중요하지만 소비자에게 도착하기까지 긴 시간 동안 보관도 중요하다는 것을 인지하고 있었다. 하지만 아직은 포장 기술이 부족해 오랜 시간이 소요되는 운송기간 동안 차의 향미를 잃곤 했다.

17세기 네덜란드는 중국차의 최대 교역국이었다. 당시 네덜란드 동인도회사에서 수입한 중국차는 싱글로Singlo, 빙Bing, 보헤아Bohea 등이다. 싱글로와 빙은 녹차이고, 보헤아는 발효차로, 녹차를 발효차보다 많이 수입하였다. 명말청초의 다승인 석초전이 읊은 「안계차가安溪茶歌」에서는 푸젠성의 고급 신차新茶인 안계차가 17세기 후반 서양인들에게 인기가 있어 매년 수입해 간다고 했다. 안계차는 장저우 사람들이 무이차 제법으로 만든 차로, 이른 봄에 채취한 찻잎으로 만들며 장저우 위에항을 통해 수출하였다.

중국의 차는 세련된 동양의 문화상품으로, 유럽인의 열등감에서 비롯된 중독성을 지닌 사치품이었다. 명말청초의 해금정책으로 공급이 불안정했지만, 네덜란드 동인도회사의 글로벌 무역 네트워크는 유럽에 아시아의 차문화를 확산시키는 데 크게 작용했다. 그러나 17세기 말이 지나면서 영국이 아시아 무역의 새로운 강자로 부상했다. 영국에서 차 소비가 늘어나자, 영국 동인도회사는 차의 경제적 잠재력에 관심갖기 시작했다. 18세기 영국 동인도회사는 중국과 직접 교역을 하며 본국에서의 엄청난 수요를 감당했다. 18세기 유럽에서 차의 수입국은 네덜란드에서 점차 영국으로 이동하고 있었다.

바다의 마부 네덜란드와 일본차

1542년 포르투갈 상인이 우연히 가고시마의 다네가섬에 발을 디딘 이 래 포르투갈은 일본과 교역을 시작하였다. 1550년 포르투갈은 나가사키 히라도平戶의 번주 마츠우라 다카노부松浦隆信가 포르투갈 상선 입항을 허 락하자 본격적인 남만무역을 시작한다. 포르투갈은 적극적으로 교역의 문을 열어준 일본에서 무역과 선교에 힘썼다. 오다 노부나가의 정책을 이 어받은 도요토미 히데요시는 처음엔 그리스도교 포교를 허용했지만 그리 스도교의 영향력이 커지는 것에 위기감을 느끼고 선교사들의 포교를 금 지했다. 이는 포르투갈과의 교역 단절 및 추방으로 이어졌고, 1639년 일 본은 쇄국령을 공표한다. 이로써 남만무역은 종료되었다. 하지만 완전한 쇄국이 아니었다. 일본은 나가사키를 해외무역과 정보를 위한 창구로 열 어두었는데, 열린 창구의 주인공은 네덜란드와 중국이었다.

그림 30 가와하라 게이가, 〈나가사키항도〉(나가사키역사문화박물관)

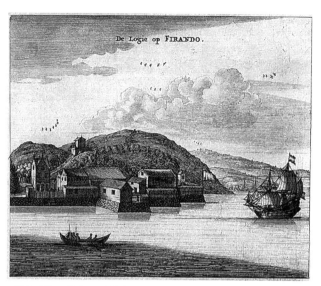

그림 31 아놀드 몬타누스, 〈히라도의 네덜란드 동인도회사 상관〉

1600년 네덜란드의 상선 리프데호는 좌초되어 분고국 우스키(현 오이타)에 표착했다. 네덜란드의 항해사 얀 유스텐 반 로덴스테인, 영국 항해사 윌리엄 아담스 등은 도쿠가와 이에야스와 대면했다. 이후 이들은 도쿠가와 이에야스 막부의 외교 고문, 대형선박 건조, 통역 등을 맡았고 무역에도 종사했다. 1609년 네덜란드 동인도회사는 나가사키 히라도에 상관을 설치하며 일본과 통상관계를 맺었다. 도쿠가와 막부는 상교분리商敎分離 정책을 취한 네덜란드에만 상관 설치를 허가했다. 대신 네덜란드 상관은 1641년 히라도에서 데지마로 이전해야 했다. 새로운 상관인 인공섬 데지마는 교역 장소이자 거주지로 출입이 자유롭지 못했다. 포르투갈이 누렸던 무역 우위는 깨졌지만, 네덜란드는 일본과의 교역에서 엄청난 경제적 이익을 얻었기에 도쿠가와 막부의 요구에 순순히 응했다.

네덜란드 동인도회사 상관원들은 히라도에 머물렀을 때 차를 만났다. 일본 규슈 나가사키현의 히라도는 예부터 해외 문물을 받아들이는 창구였다. 네덜란드는 일본과 무역관계를 맺는 과정에서 차노유를 접했다. 네덜란드의 탐험가 린스호텐은『얀 호이겐 반 린스호텐의 동인도 제도 항해기』에 일본 명문가의 차노유에 대해 간단하게 싣고 있다.

> 뜨거운 물은 '차Chaa'라고 부르는 특별한 허브가루를 우린 물로, 일본인들은 이를 대단히 중시한다. 지위와 재력을 갖춘 집안에서는 주인이 은밀한 장소에 차를 두고 직접 관리한다. 집에 귀한 손님이 오시면 가장 먼저 차를 권하며 극진하게 대접한다. 우리가 다이아몬드, 루비, 값비싼 보석을 귀중히 여기는 것처럼, 그들은 뜨거운 물을 펄펄 끓이는 탕관, 차를 보관하는 항아리와 차를 마실 때 사용하는 흙으로 빚은 그릇을 매우 귀하게 여긴다.

그림 32 다완(17세기, 암스테르담 국립미술관)

일본인들의 차를 대하는 마음을 알 수 있는 글이다. 16~17세기 일본의 차노유를 경험한 유럽인들의 기록에 거의 공통적으로 보이는 내용이다. 이방인들은 일본에서 마신 차는 일상에서 마시는 기호음료나 약보다는 동양의 신비한 문화 체험이라 생각했다. 16세기 후반에서 17세기 초는 일본이 차노유를 완성하는 시기이다. 이는 화경청적 和敬清寂 의 차노유였다. 차노유를 체험한 유럽인들은 차실에서 마치 마지막인 듯 정성을 다하는 모습에서 엄숙미를 느꼈으며, 종교적 신비함까지 느끼며 감동했다. 그들은 전용 차실, 다기를 대하는 모습, 찻자리의 진행과 예절 등을 보며 차에 대해 강한 호기심과 함께 독특한 동양 문화를 느꼈다.

네덜란드 동인도회사가 히라도에 상관을 설립한 이듬해인 1610년, 일본차는 자바의 반탐에서 중국차와 함께 유럽으로 보내졌다. 차를 수입하면서 일본의 차노유 의식도 네덜란드에 소개되었다. 차는 동양의 약초에 대한 호기심과 신비한 문화라는 이미지가 담긴 상품이었다. 차는 도자기와 함께 네덜란드 동인도회사의 새로운 무역품으로 편입되었다.

1619년 새롭게 건설된 바타비아에 아시아 무역 총본부를 설치한 이후, 네덜란드 동인도회사는 질란디아요새를 거점으로 일본, 중국 등 동아시아 지역의 무역에 힘을 쏟았다. 본국에서 차를 점차 애호하자 네덜란드 동인도회사 무역기지인 바타비아는 히라도, 질란디아 등의 상관과 연결해 본국으로 차를 실어 날랐다. 일본과 중국에서 구입한 차는 향신료, 비단, 면직물, 도자기, 금속 등의 산품과 함께 네덜란드로 향했다. 아시아의 차에 대한 유럽인의 관심은 차의 소비로 나타났다. 1630년대 네덜란드 동인도회사의 바타비아의 총독이 히라도 주재 무역관장에게 띄운 서신의 내용이 이를 증명해 준다.

본국 사람들이 차에 대한 지식이 생기며 평가하기 시작했습니다. (중략) 가격이 각기 다른 세 종류의 일본차를 각각 6kg씩, 총 18kg을 본국으로 보내 주십시오.

1637년 1월 서신에는 네덜란드 동인도회사 17인 위원회가 바타비아의 총독에게 차를 청구하고 있다.

네덜란드 국민이 차를 애용하기 시작했습니다. 일본과 중국에서 오는 모든 선박은 차를 실어 오기 바랍니다.

1650년 네덜란드 동인도회사가 30파운드 미만의 일본차 5상자를 선적했고, 1651년과 1652년 암스테르담 경매로 팔렸다는 기록이 있다. 네덜란드 동인도회사가 일본에서 수입한 차는 주로 녹차였다. 차 등 아시아의 산품은 상관원들의 사무역으로도 유럽에 판매되었다. 하지만 데지마에서의 차무역은 점차 쇠퇴하였고, 네덜란드 동인도회사는 본국의 차 수요를 중국에서 대부분 충당했다.

제 3 장

회화에 재현된
네덜란드 차문화

회화에 재현된
네덜란드 차문화

17세기, 동양의 차문화, 유럽으로 발신

동양에서 발신되는 차에 관한 정보

16세기 중국과 일본에서 활동한 선교사와 상인들의 기록을 통해 동양의 차가 처음으로 유럽에 전해진다. 팽창의 시대, 17세기 이르면 유럽인의 차에 대한 관심은 더욱 깊어졌다. 16세기 포르투갈, 이탈리아에 이어 17세기에 이르면 네덜란드, 프랑스, 영국 등 유럽 각국에서 차에 관한 기록을 찾을 수 있다. 동양에 파견된 선교사들은 네덜란드인과 종교적 차이가 있었지만, 네덜란드 선박을 이용한 경우가 많았다. 17세기 중국과 일본의 차풍속에 관한 기록을 남긴 이들은 주로 선교사였다.

중국에서 온 차 정보

선교사가 전한 중국 차

중국에 파견된 예수회 선교사는 17세기 유럽에 중국에 관한 정보를 제공해 준 주된 공급자였다. 선교사들이 유럽에 전해준 중국에 대해 동경했던 정보는 유럽의 문화 속에 많은 부분 수용되었다. 천문학자, 지리학자인 예수회 디에고 데 판토하^{Diego de Pantoja}는 베이징에서 마테오 리치^{Matteo Ricci}와 함께 일했다. 관습에 따라 디에고 데 판토하는 그의 여정과 중국 체류에 대한 자세한 내용을 편지로 써 예수회에 보냈다. 그는 영토, 동식물, 과일, 외모, 옷, 장례 의식, 황실 문화 등 중국의 거의 모든 것을 관찰하고 분석했다. 그중에는 '차'도 있었다.

> 그들은 인사 후 곧 '차^{cha}'라 부르는 음료를 내온다. 차는 그들이 가장 좋아하는 허브로, 물로 끓여 마신다. (중략) 그들은 두세 번 차를 마셔야 한다.

디에고 네 판토하 신부는 중국(명)에서 낯선 문화를 자주 경험했다. 그중 하나가 차문화이다. 그들은 가장 좋아하는 차를 찾아온 손님에게 접대했다. 디에고 데 판토하 등 예수회 선교사들도 뜨거운 물에 우린 차를 접대받곤 했는데, 그들의 입맛에는 맞지 않았다.

예수회 마테오 리치는 1582년 마카오에 도착해, 자오칭, 난창, 난징, 베이징 등 중국에서 27년 동안 선교활동을 했다. 중국어를 익힌 그는 풍속과 문화를 배워 유교적 생활문화 속에서 선교했다. 고관 명사들에게 서양의 천문 · 지리, 과학기술을 가르치고, 그들과 같이 과학기술 서적을 번역하는 등의 방법을 통해 자연스럽게 선교했다. 그는 유창한 중국어와 한문 실력으로 중국의 사상과 철학, 문화를 유럽에 알리기도 했다.

마테오 리치가 쓴 이탈리아어 원고는 그의 동료인 예수회 니콜라스 트리고^{Nicolas Trigault}가 라틴어로 번역했다. 1615년 출판된 라틴어판 책 제목은 『중국에서의 그리스도교 선교』이다. 마테오 리치는 이 책에 차와 중국인의 차생활을 소개하고 있다.

> 유럽 사람들이 전혀 모르는 것들이 있다. (중략) 첫째, 중국과 일본 사람들이 'Cia'라 부르는 음료를 만드는 관목이다. 그들은 봄에 잎을 채취하여 그늘에 말린 다음 마른 잎으로 음료를 만들어 식사 중에 마시거나 친구가 집에 찾아오면 차를 대접한다; 주인과 손님이 함께 이야기를 나눌 때 계속 차를 마신다. 이 음료는 온종일 홀짝홀짝 마시는데, 항상 뜨겁게 마신다. 쓴맛이 다소 나지만 불쾌하지 않다; 자주 마시면 건강에 좋다. (중략) 일본인들의 차 음용 방식은 중국과 다소 다르다; 일본인들은 찻잎을 빻은 분말가루 2~3큰술을 끓는 물 한 컵에 섞어 마신다. 하지만 중국인들은 찻잎을 다관에 넣어 끓는 물에 우려내어 뜨겁게 마신다. 찻잎은 남긴다.

『중국에서의 그리스도교 선교』는 마테오 리치가 보고 듣고 느낀 중국생활을 기록해서 『중국 저널 China Journal』이라고도 칭했다. 이 책의 1장 3절 「중국의 비옥한 대지에서 생산되는 물산」에 차, 옻칠 등 유럽에 알려지지 않은 중국 산품을 소개했다. 여린 찻잎으로 만든 차는 중국과 그 이웃 국가들이 매우 중요하게 생각하는 음료라 설명하면서, 봄철의 찻잎 채취, 즉 찻잎의 채취 시기와 제다법, 차 풍속과 효능 등도 간략하게 설명하고 있다. 중국인의 장수비결은 차 마시는 습관 덕분이라 했다. 특히 중국인들이 유럽인을 괴롭히는 신장 결석에 잘 걸리지 않는 이유는 뜨거운 차를 마시기 때문이라 했다. 이 외에도 중국의 잎차와 일본의 가루차 등 양국의 음다풍속을 비교했다. 이처럼 마테오 리치는 16세기 말 중국과 일본

그림 1 마테오 리치의 중국 초상화와 『중국에서의 그리스도교 선교』 라틴어 초판 표지

의 차문화를 비교적 바르게 인식하고 있었다.

1601년 마테오 리치는 유럽인 중 처음으로 만력제의 초대를 받아 자금성에 출입했다. 상류층과 지식인에게 먼저 전도했던 그는 서광계, 이지조, 양정균 등 독서인층과 친분을 맺으며 『천주실의』, 『기하원본』, 『서양기법』, 『곤여만국전도』 등 많은 과학기술서적을 번역하고 집필했다.

마테오 리치의 사후, 가브리엘 드 마갈량이스Gabriel de Magalhães와 알바로 데 세메도Álvaro de Semedo 신부가 마테오 리치의 적응주의를 이어받았다. 1613년 중국 난징에 도착한 포르투갈 예수회의 알바로 데 세메도는 여러 해 동안 남부지방에 머물며 선교를 했다. 그는 그곳에서 차를 만났는데, 이 차는 그가 말라카에 있을 때도 본 허브였다.

마르티노 마르티니Martino Martini는 1642년 마카오에서 중국어를 익힌 후 1643년 항저우에 정착했고, 이어 중국의 여러 성을 다니며 선교활동을

제3장 회화에 재현된 네덜란드 차문화

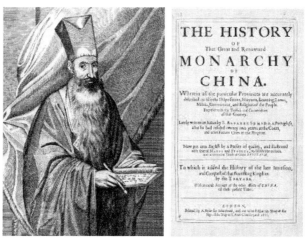

그림 2 알바로 데 세메도와 『중국의 위대하고 유명한 군주제의 역사』 표지

했다. 그가 보고 듣고 느끼고 공부한 내용을 유럽으로 돌아와 『중국 전쟁사』, 『신중국지도』, 『중국사』 등에 담았다. 마르티노 마르티니는 거의 알려지지 않은 중국에 대한 새로운 지식을 네덜란드어, 영어, 독일어, 프랑스어, 스페인어 등으로 제공함으로써 유럽인들을 매료시켰다.

그는 「찻잎의 특성」에서 식물학에 호기심이 많은 이들을 위해 기록한다고 밝히며, 차나무와 찻잎, 제다와 보관, 향미, 효능 등에 대해 간략하게 설명하고 있다. 특히 차를 맛있게 즐기기 위해서는 보관이 중요한데, 습도가 약한 차의 향미를 보존하기 위해 주석에 보관한다고 밝혔다. 중국인들이 밤낮을 가리지 않고 즐겨 마시는 차는 손님 접대음료이자 약용음료였다. 마르티노 마르티니는 차가 통풍, 결석, 소화 불량, 숙취 해소, 이뇨, 각성, 기분 전환과 활력 등에 효과가 있다고도 소개하고 있다.

프랑스 예수회의 알렉상드르 드 로즈Alexandre de Rhodes가 아시아 선교활동을 기록한 회고록 『알렉상드르 드 로즈 신부의 중국과 동방 왕국의

17세기 네덜란드 회화 속 차문화_욕망의 산물, 차와 도자기

여행과 선교 사명』은 17세기 내내 유럽에서 베스트셀러였다. 이 책은 아시아에 대해 호기심이 가득한 유럽인들에게 많은 부분 지적 갈증을 해소시켜 주었다.

베트남에서 오랫동안 선교활동을 한 그는 마카오에서도 10여 년을 보냈다. 마카오에서 경험한 중국 차에 관한 지식과 체험을 바탕으로, 그의 책에 차 산지, 제다법과 음다법, 신선한 차와 보관법, 차 품평, 효능 등 차에 관해 기술하고 있다. 특히 차의 효능을 설명하는 부분에서는 자신의 경험 또한 서술했다. 중국인의 일상다반사 음료인 차는 일본, 통킹(베트남 북부) 등에 수출할 만큼 생산량이 풍부하다고 기록하면서, 이제 프랑스, 네덜란드에서도 판매된다고 했다.

프랑스 예수회의 루이 르 콩트Louis Le Comte는 1688년부터 1691년까

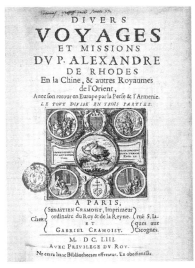

그림 3 『알렉상드르 드 로즈 신부의 중국과 동방 왕국의 여행과 선교 사명』　**그림 4** 루이 르 콩트 회고록에 나오는 강희제의 판화

지 중국에서 선교활동을 했다. 그의 서신을 묶은 『중국의 신 비망록』에는 중국의 기후, 풍경, 상업, 문화, 관습 등을 소개하고 있다. 루이 르 콩트의 회고록에서는 무이차武夷茶를 푸젠성 무이산의 차로 소개하면서 영어로는 보헤아bohea 라 한다고 기록하고 있다.

중국어를 익히고 중국 문화를 공부하며 중국인에게 다가간 적응주의적 선교는 중국의 차를 가까이하는 계기가 되었다. 미셸 보디에Michel Baudier, 마르티노 마르티니, 루이 르 콩트 등 17세기 내내 많은 선교사들의 중국에 대한 기록이 쏟아졌고, 기록 속에는 차에 관한 내용이 대부분 담겨 있었다.

외교관이 전한 차 정보

네덜란드 동인도회사에 근무한 요한 니우호프는 1654년 중국 남해안에서 무역할 수 있는 권한을 얻기 위한 사절로 임명되었다. 그는 1655~1657년, 순치제(재위 1643~1661) 접견사절단 일원이 되어 중국에 다녀왔다. 네덜란드 동인도회사의 무역권 획득은 실패했지만 보고 듣고 느낀 중국을 자세히 묘사하라는 임무는 수행했다. 그 결과물은 1665년 『네덜란드 동인도회사 중국 황제 방문 사절단』으로 출판되었다. 이 책은 바타비아에서 베이징으로 가는 여정과 17세기 중엽 지리와 동식물, 도시 풍경과 건축물, 역사와 종교, 문화와 산업, 언어 등 중국의 다양한 모습을 150여 장의 삽화와 함께 기술했다. 중국의 식물을 기록한 장에는 '차Cha'에 관한 내용이 수록되어 있는데, 차밭에서 찻잎을 따는 모습의 삽화와 함께 차의 생산지, 차밭의 위치, 차나무 생태, 음다관습 등을 간략하게 기술하고 있다. 요한 니우호프는 차란 무엇인가에 대해 고민을 했다. 그는 찻잎의 모양을 보며 옻나무의 일종이라 생각했고, 차나무에서 다양한 차가 생산된

다고 보았다.

윌리엄 유커스는 『차에 관한 모든 것』에서 중국인들이 순수한 차 외에도 소금을 넣은 밀크티를 음용한다는 요한 니우호프의 기록을 인용하고 있다. 중국은 네덜란드 무역사절단이 중국에 도착하자 환영연에서 음료를 대접했다. 중국이 준비한 웰컴 티 Welcome tea는 청나라 황실에서 즐겨 마신 소금을 넣은 밀크티였다. 티베트, 몽골 등 유목민족들은 버터, 우유 등 유제품과 소금을 넣은 차를 즐겨 음용했다. 청나라는 만주족이 건설한 나라로 만주족 역시 유사한 음다 습관이 있었는데, 청 왕조를 열면서 황실을 통해서 북방의 음용 습관이 남방으로 점차 전해졌다.

그림 5 요한 니우호프, 『네덜란드 동인도회사 중국 황제 방문 사절단』의 차

영국의 존 오길비가 번역한 요한 니우호프의 『네덜란드 동인도회사 중국 황제 방문 사절단』의 부록에 실린 중국 허브 '차Cia or Te Herbe' 삽화는 다원茶園에서 자라는 차나무가 차가 되어가는 과정을 그린 것이다. 실화

상봉수實花相逢樹의 차나무가 가운데 크게 배치되어 있고, 왼쪽에는 찻잎을 채취하는 중국인과 채취한 찻잎, 오른쪽에는 제다하는 모습을 담고 있다.

『네덜란드 동인도회사 중국 황제 방문 사절단』은 유럽에서 최초로 주제와 맞는 삽화를 함께 싣고 있어 중국을 이해하는 데 큰 도움을 주었다. 여행 문학이 큰 관심사였던 17세기에 이 책은 네덜란드어, 영어, 프랑스어, 독일어, 라틴어 등으로 출판된 유럽의 베스트셀러였다. 지리학자, 선교사, 외교관, 상인, 탐험가 외에 예술계에서도 이 책을 주목했다. 책에 실린 삽화는 그림, 직물, 벽지, 도자기 등을 위한 디자인으로 쓰이면서 17세기 말~18세기 초 시누아즈리의 발흥에 큰 영향을 끼쳤다. 18세기에는 차도 시누아즈리 품목 중 하나로 자리했다.

일본에서 온 차 정보

선교사 · 외교관이 전한 일본 차

홀슈타인 고토르프공국의 귀족 요한 알브레히트 드 만델슬로Johan Albrecht de Mandelslo는 1630년대 러시아에 이어 페르시아(이란)에 파견된 무역사절단에 동행했다. 1638년 그는 외교사절단과 페르시아 이스파한을 여행 후, 일행과 헤어져 인도로 향했다. 인도와 극동지역을 여행한 그는 『요한 알브레히트 드 만델슬로의 항해와 여행』을 집필했다. 그는 여행기에 중국차와 일본차를 소개했다.

우리는 매일 열리는 회의에서 테The. Thee를 마신다. 이 차는 인도에서 흔히 마시고 주변 나라뿐 아니라 네덜란드나 영국에서도 마신다. 네덜란드나 영국에서는 특히 위에 온기를 주어 깨끗하게 하고, 불필요한 체액을 소화시키는 약이다. (중략) 일본차는 보통 찻잎보다 훨씬 여리고 섬세하다. 지체 높은 사람들은 외부 공기가 들어가지 않게 밀봉된 도자기 병에 차를 넣어 소중히 보관한다. 조심스럽게 차를 마시며 차 항아리를 아주 귀하게 여긴다. 일본인들의 차 마시는 방식은 유럽인들과 다르다.

1644년 만델슬로는 집으로 돌아오는 길에 천연두로 갑자기 세상을 떠났다. 그의 유언에 따라 페르시아와 동인도의 여행 이야기는 아담 올레아리우스 Adam Olearius 가 자신의 글을 통합해 출판했다. 아담 올레아리우스는 만델슬로와 같이 러시아와 페르시아에 파견된 무역사절단의 일원이었다.

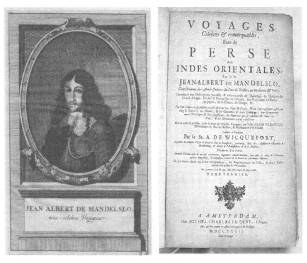

그림 6 (좌) 요한 알브레히트 드 만델슬로, (우) 아담 올레아리우스, 『요한 알브레히트 드 만델슬로의 항해와 여행』 표지

만델슬로의 여행기는 매우 인기가 있어서 프랑스어, 네덜란드어, 영어, 이탈리아어, 러시아어로 번역되어 출판되었다. 네덜란드에서는 1651

년 박학다식한 편집자 아브라함 드 위크포르Abraham de Wicquefort가 번역하고 원작을 보완해 출판했다. 위크포르는 일본의 건강음료인 차에 대해 설명하면서 일본인들은 차통을 가정용품 중 가장 소중히 여긴다고 했다. 여기에 일본차는 중국차의 한 종류로, 잎차인 중국차보다 가루차인 일본차가 섬세해 품질이 뛰어나다는 설명을 덧붙였다. 약효 역시 일본차가 중국차보다 더 뛰어나다고 했다. 17세기 유럽에서 일본차는 중국차보다 더 비싼 가격에 판매되었다.

16세기 후반 포르투갈의 예수회 선교사 주앙 로드리게스João Rodrigues 는 1577년 10대에 일본에 건너가 선교사, 외교관, 학자로서 30년 이상 보냈다. 일본어에 능통해 도요토미 히데요시, 도쿠가와 이에야스 정권이 포르투갈과 교섭할 때 통역을 맡았다. 1614년 일본에 금교령禁敎令이 내려지자 마카오에 부임해 중국에서 선교활동을 했다. 그는 조선 인조때 중국(명)의 사신으로 간 정두원鄭斗源에게 망원경, 자명종 등을 전한 인물이기도 하다.

그는『일본어의 예술』에 지리, 건축, 예술, 차 의식 등 일본의 특징적인 모습을 다양하게 실었는데,「차의 예술」편에서 차노유에 대해 자세하게 설명했다. 쇼군將軍 전용의 차가 생산되는 일본 최고의 차 생산지인 우지宇治의 차 품질과 등급을 기록하였다. 또한 차노유는 비용이 굉장히 많이 드는 일이기 때문에 다이묘나 사무라이, 부유한 상인이 즐기며, 그들은 최고급 차가 생산되는 우지차를 사용한다고 했다. 차노유에 대한 이해가 깊었던 그는 선禪의 시간인 차노유 의식은 주인과 객이 서로 화합하고 존경하며, 마음과 다구는 청결하게 하고 다실과 마음 또한 고요를 유지하는, 즉 화경청적和敬淸寂의 시공간이라 설명했다. 화경청적은 일본인들이 차노유를 하는 목적이라고 했다. 특히 찻자리에서 화경청적은 긴장된 사무라이의 마음을 평화롭게 만든다고 했다.

주앙 로드리게스는 차는 정신은 물론이고 정치에 크게 기여한다고 밝히면서, 찻자리를 위해 엄청 많은 비용이 든다고 재차 강조했다. 그는 차노유를 위한 방, 즉 차실을 만들 정도로 일본 차문화를 좋아한 차 전문가였다. 그가 이와 같은 기록을 남길 수 있는 것은 능통한 일본어 덕분에 당시 가장 영향력 있는 일본인들을 두루 만나며 상류층의 차의식을 자주 접했기 때문이었다.

그림 7 주앙 로드리게스, 『일본어의 예술』

일본의 차노유는 모든 유럽인에게 동경의 대상이지는 않았다. 차노유의 의식과 값비싼 다구를 비판하는 이도 있었다. 프란시스코 하비에르의 전기를 쓴 포르투갈 예수회의 주앙 데 루세나 João de Lucena 는 일본인들은 가장 사소한 것에 큰 가치를 부여하는데, 그 대표적인 것이 차의식이라면서 차는 약의 재료일 뿐이라 했다.

네덜란드 동인도회사가 전한 일본 차

프랑수아 카롱François Caron 은 네덜란드 동인도회사에서 30여 년을 근무한 후 프랑스 동인도회사에서 근무했다. 그는 첫 근무지인 히라도 상관에서 통역을 맡은 이후, 바타비아 네덜란드 동인도회사 이사회 임원, 함대 지휘관 등 주요 요직을 맡았다. 1636년 네덜란드 동인도회사의 새 사무총장 필립 루카스Philip Lucasz 는 관리 감독할 곳에 대해 알기 위해 일본 상관에 궁금한 점 31개를 질문 목록으로 만들어 보냈다. 이에 프랑수아 카롱이 답했다. 그의 답은 『강한 일본제국에 대한 설명』으로 출판되었다. 암스테르담에서 네덜란드어로 출판된 이 책은 독일어, 프랑스어, 영어 등으로도 번역될 정도로 인기가 있었다. 그의 책 내용 중 가정생활의 식기

그림 8 프랑수아 카롱, 『강한 일본제국에 대한 설명』 표지

그림 9 다완(암스테르담 국립미술관)

부분에 '다기'가 보인다.

　그들의 집에서 개방된 방의 실내장식에는 옻칠장, 수납장, 가구가 없다. 이와 같은 가구는 가까운 친척이나 친구만이 출입할 수 있는 개인 방에 있다. 'tsia'를 위한 다기, 작은 그림, 서예, 검劍 등이 그들이 소중히 여기는 예술품이다. 그들은 목적에 따라 굉장히 비싸고 아름다운 물품을 비치해 둔다.

　독일의 식물학자이자 의사인 엥겔베르트 캠퍼Engelbert Kaempfer는 17세기 말(1683~1693)에 페르시아, 인도, 일본 등에서 지낸 후 네덜란드 암스테르담으로 돌아왔다. 그는 12년간의 해외생활 중 1690~1692년에 네덜란드 동인도회사 데지마 상관의 의사로 일했다. 그는 3여 년간 지낸 일본에서 일본인의 생활문화, 자연사 등을 유심히 관찰하고 체험한 바를 고향으로 돌아와 글로 썼다. 그의 책 『이국적인 정치-물리-의료 V』는 이국에서 발견한 신비한 무언가를 관찰자의 입장에서 기록했다. 특히 일본의 자생식물과 일본의 식물Flora Japonica, 일본의 의술인 침술과 뜸에 관한 내용이 자세히 실려 있다. 캠퍼가 연구에 매진한 결과물인 이 책은 폐쇄된 시기의 일본에 대한 지식의 원천이 되었다.
　차에 관한 내용은 『이국적인 정치-물리-의료 V』의 3장 「호기심 많은 물리와 의학 관찰」 '일본의 식물'에 실려 있다. 캠퍼는 차나무 재배와 수확, 차의 종류와 보관, 음용법과 다기 등과 더불어 달마의 차 기원설, 차의 미덕 등 차에 관한 거의 모든 것을 기술했다. 특히 차나무의 생태와 재배에 관한 정보가 거의 없었던 18세기 초, 식물학자 캠퍼의 『이국적인 정치-물리-의료 V』은 유럽의 학자들에게 많은 영향을 끼쳤다.

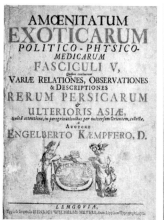

그림 10 『이국적인 정치-물리-의료 V』와 차나무 관목(생물다양성유산도서관)

여행자들은 차 이외의 다른 음료를 거의 마시지 않는다. 그들은 길가의 여관, 요릿집, 들판이나 숲 속의 찻집 등에서 차를 마신다. 그런데 차는 어린 잎(대체로 지체높은 분들의 차)을 두 차례 채취한 후의 잎이나 한 해 전부터 차나무에 달린 뻣뻣한 잎이다. 이러한 센 잎은 채취한 즉시 잎을 말지 않고, 평평한 솥에 넣고 강한 불에 계속 저으며 덖는다. 그 후, 짚 바구니에 넣어 지붕 및 시렁 위에 보관한다. 여행자들에게 제공되는 이와 같은 차는 끓이는 법 또한 매우 간단하다. 한 줌 혹은 좀 더 많은 양의 찻잎을 작은 다관에 넣거나 철 탕관에 넣고 물을 부어 끓인다. 탕관 속에 작은 바구니가 있어 잎을 아래로 눌러주면 깨끗하게 찻잎이 걸러진다. 그리고 찻잔의 반 정도 붓고, 찬물을 조금 부어 온도를 낮춘 후 손님에게 건넸다.

엥겔베르트 캠퍼의 에도 상경기 『에도시대 참부여행 일기』에도 의식절차 속의 차와 서민들의 차풍속이 기록되어 있다. 에도참부江戸参府에는 연

초에 에도의 쇼군에게 네덜란드 상관장이 배알하는 의무가 있었다. 이때 상관장 일행으로 서기, 의사, 통역사 등이 함께 갔다. 이들이 나가사키 데지마에서 에도까지 오가는 길은 일본에 대한 정보, 특히 민간인의 삶을 살펴볼 수 있는 유일한 기회였다. 엥겔베르트 캠퍼는 서민들의 차풍속을 다음과 같이 기록하고 있다.

경화된 찻잎을 덖어 만든 차를 탕관에 넣어 끓여 마셨다. 탕관에는 거름망이 있어 깨끗하게 걸러진 차는 마시기 좋게 찬물을 조금 넣었다. 이차는 여행객들이 잠시 쉬거나 잠을 청한 찻집이나 음식점, 혹은 여관 어디든 마실 수 있었다.

그림 11 차 행상과 개방형 찻집(동경국립박물관)

유럽에서 발신되는 동양의 차 정보

예수회 수사 겸 과학자인 아타나시우스 키르허Athanasius Kircher도 중국 차에 관해 기록했다. 그는 비교 종교학, 지질학, 의학 부분에 40여 권의 책을 집필한 저술가이기도 하다. 그는 성서주해는 물론 이집트, 중국 등 언어와 문화 외에도 생물학, 지질학, 의학 등 자연과학, 음악, 기술과 발명 등 다양한 방면에 지식이 깊었던 박식한 학자였다. 차 역시 예외는 아니었다.

아타나시우스 키르허는 중국에 선교사로 파견되길 희망할 정도로 중국에 대한 관심이 남달랐다. 그의 방대한 저작 중『기념물, 신성한 것과 불경한 것, 다양한 자연과 예술 등 중국 묘사』는 중국에 매료되어 펴낸 책이다. 중국과 그 주변 국가들에 대해 17세기를 대표하는 유럽의 지식인이 정리한 이 책은『중국도설』로 알려져 있다. 그는 중국 땅을 밟지는 못했지만, 중국과 그 주변국에 관한 서적과 중국 선교사들의 편지와 보고서, 중국에서 돌아온 선교사들에게 들었던 내용을 수집하고 편집해 책으로 엮었다.『중국도설』은 중국의 지리, 언어, 종교, 동식물 등 광범위한 정보가 기록되어 있어 17세기 중국 백과사전이라 할 수 있다. 이 책은 1667년 네덜란드 암스테르담에서 라틴어로 출간된 이후 네덜란드어, 영어, 프랑스어 등으로 출간될 정도로 많은 유럽인들이 중국에 관심이 많았다.

『중국도설』의「이국적인 중국 식물」장에 '차'에 대한 설명과 삽화가 실려 있다. 유럽에 '차Cha', '치아Cia', '테Te'라고 소개된 차는 중국인에게 약성이 있는 일상의 음료이자 접대의 음료였다. 키르허는 특히 차의 약성에 대해 자세히 설명하고 있는데, 이뇨, 결석, 통풍, 소화 불량, 가래, 숙취, 우울증, 각성 등에 효과가 있다고 했다. 그는 차를 쓴맛이 나지만 많이 마셔도 무해한 최고의 음료라 칭송했다. 아타나시우스 키르허는 차의 효능

그림 12 아타나시우스 키르허와 『중국도설』

뿐만 아니라 차의 속성, 재배와 제다, 보관 등에 대해서도 뒤이어 설명하고 있다.

'차' 편에는 재배한 차에서 여린 찻잎을 채취해 덖어 만드는 차 제다법과 건조한 차를 습기없는 통에 보관하는 차 보관법을 설명했다. 다양한 종류와 다양한 등급의 차는 가격도 다양했는데, 그중 강남 후저우湖州의 차와 숭글로Sunglo의 차가 뛰어나다는 내용이 실려 있다. 숭글로는 안후이성安徽省 황산黃山의 차로 '녹차'를 말한다. 숭글로는 싱글로Singlo라고도 불렸다. 『중국도설』의 차에 관한 삽화와 기록은 요한 니우호프의『네덜란드동인도회사 중국 황제 방문 사절단』에서 많은 부분 인용했다. 이처럼 아타나시우스 키르허는 유럽에서 차에 관한 정보를 수집, 정리해 유럽인에게 동양의 차를 알렸다.

1689~1693년, 인도 수라트에서 영국 동인도회사의 성직자였던 존 오 빙턴John Ovington은 『1689년 수라트 여정A Voyage to Surat in the Year 1689』에 아시아의 생소한 문화와 종교를 기술했다. 『1689년 수라트 여정』에는 유럽에 새롭게 등장한 차풍속에 대해 기록하고 있다. 또한 그는 『1689년 수라트 여정』에 이어 차를 주제로 한 『차의 성질에 관한 에세이』를 썼다. 그는 차를 보헤Bohe, bohea, 싱글로Singlo, 빙Bing으로 구분한 후, 차의 외관과 향미香味를 묘사했다. 이는 유럽에서 처음으로 심평하듯 차를 묘사한 글이다. 그는 차는 신선함과 차의 정신이 가장 중요하다고 결론짓고 있다.

이 외에도 존 빌, 필리프 실베스트르 뒤푸르 등 유럽인의 기록 속에서 차는 우수한 효능과 동양의 문화를 품고 있다고 밝히고 있다. 17세기 초 네덜란드인에 의해 유럽 땅을 밟은 차는 처음에는 이국의 약용 음료로 유럽인들의 관심을 끌었지만, 점차 문화적 소비를 위해 동양의 차를 선택하게 되었다. 유럽인들은 '차'라는 소비재에 내재된 문화적 속성에 매력을 느꼈다. 차의 이미지를 통해 동양에 대한 환상을 소비했고 과시했다. 17세기 차는 네덜란드를 비롯한 유럽인에게 욕망의 주체가 되었다.

의약품으로서의 차

차의 논쟁

16세기 동양에 간 유럽의 선교사, 상인, 학자 등의 차에 관한 기록은 의사, 약사, 상인들의 관심을 끌었다. 동양의 차가 유럽에 소개되자 호기심과 과시의 대상이 되었다. 그러나 차는 아시아와 유럽이라는 두 대륙의 지리적 거리만큼이나 낯설어 자연스럽게 수용되기 어려웠다. 동양의 음

그림 13 빌렘 반 데 벨데 II, 〈암스테르담의 IJ 앞에 있는 코르넬리스 드 트롬프의 기함, '황금 사자'〉
(암스테르담 국립미술관)

료, 차에 대한 유럽인들의 호기심만큼 두려움도 컸던 것이다. 또한 차를 받아들이기에는 신체적으로나 감성적으로 너무도 낯설고 비쌌다.

17세기에 차가 비교적 빠르게 수용되자, 이를 본 프랑스, 독일, 덴마크 유럽 각국의 일부 학자들은 그 성과에 놀라워했다. 그들은 새로운 마실거리인 차에 관심이 많았다. 세상에 대한 그들의 호기심은 차의 본질을 알아보려는 시도로 이어져 차의 효능에 대해 자신의 의견을 표현했다. 이는 문화적 마찰로 이어졌는데, 차의 성분과 건강에 대한 논쟁이 바로 그것이다.

예수회 사제들의 차에 대한 긍정적인 태도는 사이먼 파울리Simon Pauli 가 차에 부정적인 입장을 밝히는 데 주요 요인이 되었다. 덴마크 코펜하겐대학교의 해부학과 식물학 교수이자 덴마크 프레드릭 3세의 주치의인 그는 차나무의 실물을 보지 못한 채 차에 대해 의심했다. 그는 터무니없이 비싼 가격과 근거없는 약효에 차 음용을 반대했다.

사이먼 파울리는 1635년 '무서운 경고로 가득 찬 진료소'라 불리는 「담배와 약초의 남용에 대한 논평」을 발표했다. 이 글은 차와 담배에 관한 끔찍한 정보들로 가득했는데, 차는 의학적 효과가 약간 있을 뿐, 결론은 유해한 성분의 음료라 밝혔다. 사이먼 파울리는 약효가 있는 동양의 차가 장기간의 운송과 저장, 그리고 유럽의 기후에 노출됨으로써 해로운 음료가 되었다고 주장했다. 또한 그는 엄청난 비용뿐 아니라 먼 거리로 인해 약효가 떨어진 차를 군이 수입할 필요가 있냐고 묻고 있다. 그는 차, 초콜릿, 담배 등 새롭게 유입된 기호품을 즐기는 이들을 비난하며, 무식하고 방탕하고 유약하다고 했다.

새롭게 유입된 이국의 기호품에 맞선 의사 사이먼 파울리 이후, 프랑스, 영국 등에서도 차를 반대하는 의사, 외교관, 선교사 등이 의견을 내며 차 논쟁이 일었다. 17세기 유럽 각국 중에서 프랑스가 차 논쟁이 가장 심했다. 17세기 초, 프랑스는 네덜란드에서 차를 수입했다. 차가 유입되자 의료계에서 관심을 가졌다. 1648년 아르망-장 드 모빌랑Armand-Jean de Mauvillain은 네덜란드 의사 야코부스 본티우스의 의학 연구에 영감을 받아 논문 「중국차, 마음에 유익합니까?」를 발표했다. 박사과정 심사위원장이었던 필리베르 모리셋 박사Dr. Philibert Morisset가 이를 지지하자, 파리 의과대학 학장인 구이 패탕Gui Patin은 터무니없는 논문이라 비난했다. 구이 패탕은 차에 대해 '금세기 불필요한 신상품'이라 논평했다. 차에 대한 논쟁이 시작되자, 프랑스 최고의 고등교육기관인 프랑스대학에서는 중국 약초는 그 어떤 의학적 가치도 없다고 결론지었다.

구이 패탕 외에도 파리의 많은 의사가 동양의 차 음용을 반대했다. 그러나 그들의 충고에도 불구하고 차에 대해 호감을 가진 이들도 많았다. 예수회 신부 알렉상드르 드 로즈Alexandre de Rhodes가 대표적이다. 알렉상드르 드 로즈는 차는 신경성 두통, 신장, 결석, 각성, 소화장애 등에 효

그림 14 (좌) 앙투안 마송, 〈구이 패탕〉, (우) 알렉상드르 드 로즈

과적이라고 밝히며, 중국인들은 차를 즐겨 마셔 결석과 통풍 환자를 거의 볼 수 없다고 했다. 그는 중국인들이 일상다반사로 차를 마셔 건강하게 장수를 누린다고도 했다. 무엇보다 신경성 편두통이 있을 때 차를 마셨더니 편해졌고, 매주 1회 차를 마시면서 밤새 신앙생활을 했다고 밝혔다. 그는 또 소화를 위해 식후 차를 마셨는데, 저녁 식사 후에는 마시지 않았다고 자신의 차생활을 이야기하며, 차의 큰 미덕을 체험을 통해 밝혔다. 다만 중국에서는 저렴한 차가 프랑스에서는 낮은 품질인데도 비싸다며 아쉬워했다.

루이 14세 치하에서 섭정攝政을 한 쥘 레몽 마자랭Jules Raymond Mazarin 은 통풍 치료로 차를 마셨다. 차에 대한 부정적인 생각을 피력한 구이 패탕에게 알렉상드르 드 로즈는 차가 만병통치약은 아니지만 통풍에 효과가 있는지 실험해 보는 게 어떠냐고 신중한 입장을 취했다. 이는 공개 토론으로 이어졌다. 그 결과, 대다수의 사람이 차에 대한 찬성론의 입장에서며 알렉상드르 드 로즈의 의견에 동조했다.

프랑스에서는 왕실과 귀족, 문인 중 차를 즐긴 이가 많았다. 수상 피에르 세귀에Pierre Séguier 는 차를 즐겨 마신 차 옹호론자였다. 프랑스 아카데미의 후원자였던 그는 상류층, 문인들과 살롱에서 다과를 즐겼다. 사회적으로 영향력 있었던 피에르 세귀에의 음다습관은 차가 상류층의 음료로 자리하는 데 많은 영향을 끼쳤다. 네덜란드의 외교관인 아브라함 드 위크포르도 살롱에서 프랑스 티타임을 경험했다. 극작가 장 라신은 노년에 아침음료로 차를 마셨다.

그러나 차는 프랑스에서 국민적 지지를 받지 못했다. 많은 이들은 차가 지나치게 비싸다고 생각했다. 파리의 약사인 피에르 포메Pierre Pomet 의 1694년 기록을 보면, "중국차는 1파운드에 70프랑, 일본차는 150~200프랑에 판매한다"고 했다. 일본차보다 두세 배 싼 중국차도 일상에서 마시기에는 상당히 부담스러운 가격이었다. 이 때문에 차에 대한 선호도는 프랑스에서 점차 줄어들었다.

17세기 유럽인들은 차에 대한 지식을 쌓았고, 약과 음료로 맛보았다. 특히 차는 유럽 각국의 의사와 학자들에게 많은 관심을 받았다. 17세기 유럽 각국에서 일어난 차론은 낯선 외래 음료를 받아들이는 과정에서 차가 인체에 미치는 영향, 즉 '약으로서의 효능'에 대한 논쟁이 그 주제였다. 18세기 중엽에 이르면 차에 관한 논쟁은 차의 사회적 수용과정, 즉 모든 이의 음료가 되는 과정에서 일어난다. 이 논쟁은 네덜란드가 아닌, 모든 계층의 음료로 자리한 영국에서 일어난 현상이다.

의약품 차

명의名醫들이 권장한 차

17세기 유럽에서 아시아에 관해 가장 많은 정보를 입수한 네덜란드는 유럽 각국에 동양문화를 전달하는 전달자였다. 차 역시 네덜란드에서 유럽 각국으로 소개되었다. 새롭게 유입된 차는 사치품이자 의약품으로 소개되었다. 네덜란드에 차가 유입되었을 때 차에 대한 반응이 특히 의료계에서 있었다. 이들은 의학자로서 적극적으로 차를 홍보했다.

네덜란드 동인도회사 바타비아 본부에서 근무한 의사 야코부스 본티우스Jacobus Bontius는 네덜란드와 기후와 환경이 다른 곳에서 자란 동식물과 의학에 관심을 가졌다. 그 결과물 중 하나로 그의 사후에 『인도 동부의 자연과 의학의 역사』가 출판되었다. 이 책에는 차에 관한 기록이 있다.

그림 15 야코부스 본티우스, 『인도 동부의
자연과 의학의 역사』 표지

특별한 탕관에 허브 한 줌을 넣고 충분히 끓인다. 뜨겁게 마시는데 다소 쓱쓱한 맛이다. 중국인들은 이 허브(차)를 신성하게 여긴다. 손님이 오면 차로써 환대한다. (중략) 차는 천식, 천명^{喘鳴}, 소화에도 효과가 좋다.

1631년 야코부스 본티우스는 네덜란드에서 차나무와 차의 효능에 관해 최초로 정보를 제공했다. 차에 대한 그의 기록은 네덜란드 동인도회사의 동료들에게 차나무에 대해 들은 내용이었다. 의사인 빌렘 피소^{Willem Piso}는 차에 대한 그의 생각에 동의하며 차는 모든 질병에 효과가 있고, 위안을 주는 신성한 식물이라 했다.

니콜라스 툴프^{Nicolaes Tulp}로 더 알려진 니콜라스 딕스^{Nicolas Dirx}는 암스테르담의 저명한 외과의사이다. 니콜라스 툴프는 렘브란트가 그린 그룹 초상화 〈니콜라스 툴프 박사의 해부학 강의〉에서 모자를 쓰고 있는 사람이다. 이 그림은 1628년 암스테르담 외과의사조합에서 해부학 전임강사로 임명된 그가 원형극장 형태의 건물에서 대중이 보는 앞에서 해부학 강의를 하는 모습이다. 네덜란드의 존경받는 외과의사이자 청렴한 암스테르담 시장, 치안판사였던 그는 당시 사회적 영향력이 꽤 컸다. 많은 동양의 향신료와 약초를 접했던 그는 1636년 동료들과 최초로 암스테르담 약전^{藥典}을 완성했다. 외과의사조합에서는 암스테르담 약전을 의료전문서 표준 저작물로 선정하였다. 5년 후인 1641년에는 『의학론』을 출판했다. 1652년 재판을 인쇄할 정도로 인기기 있었던 『의학론』은 실무에서 얻은 164가지 사례를 싣고 있다. 그리고 차를 비롯한 네덜란드 동인도회사에서 가져온 동식물도 기록하고 있다.

17세기 네덜란드 회화 속 차문화_욕망의 산물, 차와 도자기

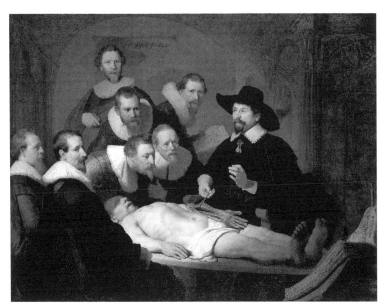

그림 16 렘브란트, 〈니콜라스 툴프 박사의 해부학 강의〉(마우리츠하위스 미술관)

동인도에는 허브로 만든 음료보다 더 흔한 것은 없다. 중국인은 이를 'thee'라 하고, 일본인은 이를 'tchia'라 한다. 우리에게 이 차는 상류층의 음료로, 후손에게 물려줄 것이다. 차와 비교할 수 있는 것은 아무것도 없다. 차를 음용한 사람은 모든 질병에서 벗어나 장수할 수 있다. 차는 신체에 활력을 줄 뿐만 아니라 결석, 담석, 두통, 감기, 안질, 카타르(점막의 질환), 천식, 위장병 등 다양한 증상을 치료해 준다. 게다가 차는 각성 효과도 있어, 철야기도, 밤새 글을 쓰거나 사색하는 사람들에게 큰 도움을 준다.

니콜라스 툴프는 『의학론』에서 차를 감기·두통·결석·위장병 등의 증세에 효과있는 질병 치료제, 각성제와 활력제로 소개했다. 그리고 차를 오래 살 수 있도록 돕는 건강보조제로도 소개했다. 차의 치유력을 칭찬한 그의 담론은 네덜란드에서 차를 널리 확산시켰다.

1627년 네덜란드 동인도회사의 의사로 바타비아에 근무했던 코르넬리스 덱커Cornelis Dekker에게 차는 만병통치약이었다. 코르넬리스 덱커는 코르넬리스 본테코Cornelis Bontekoe로 이름을 바꿨는데, 이는 아버지의 사업장 앞에 걸려 있는 간판에 묘사된 'bonte koe(얼룩소)'에서 따온 것이다. 그는 1679년, 차가 부유한 중산층의 음료로 막 자리하려는 시기, 차에 관한 논문인 「가장 우수한 허브차에 관한 연구」를 썼다. 그는 차 마시기를 옹호하는 글로 명성을 얻었다.

> 모든 남녀가 매일, 가능하면 매시간 차를 마십시오. 처음에는 하루 8잔에서 10잔으로 시작하십시오. 그러다 점차 양을 늘리세요. 위가 받아들일 수 있고 신장이 배설할 수 있는 최대한을 마시면 좋습니다. (중략) 만약 열이 떨어지지 않으면 매일 차를 40~50잔 마십시오. 50잔, 100잔, 200잔을 마셔도 나쁘지 않습니다. 저는 하루 종일 혹은 오후에 많이 마시지만, 저와 그리고 함께 한 많은 사람이 아직 한 명도 죽지 않았습니다. 하지만 모두 따라할 필요는 없습니다. 저는 단지 차가 해가 없다는 것을 보여주기 위해 그렇게 하는 것입니다. 10잔이나 20잔 마시는 것을 두려워할 이유가 없습니다. 특히 20잔은 매우 진하게 마시십시오. 쓰지만 효과 있습니다. 최근 여러 환자들이 차의 효능을 증명하며 이전에 먹은 치료약을 쓰지 않았습니다.

본테코 박사의 하루 차 권장량은 엄청나다. 그는 건강을 위해 매시간 차 음용을 권했고, 하루에 8~10잔으로 시작해 위가 적응되면 더 많은 양의 차를 음용할 것을 권장했다. 해열을 위해서는 하루에 40~50잔, 아니 200잔의 차 음용을 제안할 정도로 지나치게 많은 양의 차를 권했다. 그에게 차는 기호음료라기보다는 약이었다. 하지만 설탕과 함께 차를 마시는 것에 대해서는 경고했다.

이 논문은 이듬해 재인쇄될 만큼 많은 사람의 관심을 받았고, 본테코에게 '차박사theedokter'라는 명성을 가져다주었다. 하지만 이 논문은 그가 의사로서 차에 대한 의견을 밝혔다기보다는 차를 과장되게 홍보했다는 인상이 더 강하다. 그와 생각이 다른 사람들은 그가 네덜란드 동인도회사의 뇌물을 받았다고 비난했다. 그의 독일 이주도 비난으로 힘들었기 때문이라는 소문이 나돌았다. 하지만 그는 함부르크에서 브란덴부르크 선제후 프리드리히 빌헬름 1세의 총애를 받았고, 베를린에 이주하여 대학교수와 의사로서 활동하다 삶을 마감했다.

또한 지금은 벨기에인 안트베르펜의 생리학자이자 의사인 얀 밥티스트 반 헬몬트Jan Baptist van Helmont는 차에 혈액 순환, 변비, 설사 등에 효능이 있다고 보았다. 그는 제자들에게 새로운 수입품, 차를 만병통치약으로 추천했다.

이외에도 프란시스퀴스 실비우스, 빌렘 텐 레이너, 스티븐 블랑카트 등 과학자, 의사들이 차의 효능에 관한 글을 발표하며 차 음용을 권했다. 10여 년을 스리랑카와 인도 등 아시아에서 보낸 개혁교회 목사 필리푸스 발데우스도 통풍, 결석, 괴혈병, 열병, 변비, 우울증 등의 질병에 효과가 있다고 하면서 네덜란드인들에게 차음용을 권했다.

이 식물은 그 어느 것과도 비교할 수 없다. 이 차를 음용하는 사람들은 단지 마시는 것으로 모든 질병에서 해방되고 장수할 수 있다.

이는 17세기 네덜란드 어느 의사의 글이다. 당시 수많은 의사가 차를 명약으로 홍보했다. 네덜란드 의사가 쓴 차에 대한 이와 같은 생각, 즉 '차는 건강과 장수의 음료'라는 앞의 글을 읽은 어느 독일의 의사는 차를 상음하면 이는 곧 죽음을 재촉하는 것이라며 반박하기도 했다.

17세기 후반, 차는 암스테르담, 라이덴, 헤이그 등 대도시에서는 제법 익숙해진 음료였지만, 도르트레흐트 Dordrecht 와 같은 작은 도시에서는 낯선 음료였다. 특히 도르트레흐트를 비롯한 서남부 지역에서는 쓴맛의 차를 받아들이지 못했다. 그들에게 차는 '건초물'이었다. 도르트레흐트 출신의 목사이자 박물학자로 네덜란드 동인도회사에서 근무한 프랑수아 발렌틴 François Valentyn 은 차를 절제하지 못하면 불안을 유발할 수 있다고 경고했다.

하지만 차는 네덜란드인들에게 관심을 받으며 급부상한 수입·수출 품목이었고, 17세기 동방무역을 독점한 네덜란드는 유럽 최고의 강국이었다. 의사들은 선두에 서서 차의 효능을 적극적으로 홍보했다. 최고의 황금기 네덜란드에서 차는 약으로 인정받았을 뿐만 아니라 사치품이었다. 이로써 차는 부유한 상류층 여성들의 과시 욕구를 표현하는 음료로서 서서히 자리하며 그들만의 문화를 만들어 갔다.

의약품 차 광고

중국과 일본, 바타비아에서 보내온 보고서 혹은 편지 대부분에는 차가 건강에 유익하다는 내용이 담겨 있었다. 이국의 새로운 마실거리에 대한 의사나 학자의 호기심은 차가 어떤 식물인지, 차의 본질을 알고자 하는 시도로 이어졌다. 의사와 학자들은 동양에서 온 정보와 실험 등을 통해 차의 효능을 설명했고, 이에 따라 차는 만병통치약, 장수음료라는 이미지가 만들어졌다.

소비를 부추길 목적으로 새로운 마실거리인 차가 인쇄물에 소개되었는데, 처음에는 유럽이 인식하는 중국의 이미지에 따라 약으로 광고했다. 이 가운데 특히 정기 간행물, 팸플릿 등에 실린 차의 효능에 관한 기사는 대중에게 빠르게 홍보되었다.

영국의 커피하우스 개러웨이스Garraway's Coffee House 의 주인 토마스 가웨이Thomas Garway 는 1660년 차의 효능을 적은 포스터 「찻잎의 성장, 품질, 효능 및 장점에 대한 설명」을 인쇄해 한쪽 벽면에 붙였다. 광고 전단지에는 네덜란드, 프랑스, 영국 등 유럽 각국의 의사와 학자들이 차의 뛰어난 효능을 높이 평가한다고 기술했다. 네덜란드 의사 야코부스 본티우스 역시 차의 효능에 대해 상세하게 설명했다고 소개한다. 즉 건강을 지켜주는 완전음료인 차를 음용하기 시작했다.

그림 17 개러웨이스 커피하우스와 토마스 가웨이의 개러웨이스 광고 포스터 「찻잎의 성장, 품질, 효능 및 장점에 대한 설명」(영국박물관)

출판산업이 발달한 17세기 네덜란드는 대외 무역에서 일어난 정보를 신문, 책 등을 통해 빠르게 유럽 각국에 전달했다. 네덜란드의 출판업계는 중국차의 상업적 잠재력을 내다본 듯 보고서, 여행기, 신문, 정기 간행물 등에 차를 주제로 한 글을 부쩍 많이 다루었다. 차에 관한 정보는 주로 효능에 관한 내용이었다. 1656년 하를렘에서 처음 발행된 주간지 『진실한 하를렘의 뉴스』는 차에 관한 소식을 담기 시작했다. 1685년 4월 17일 『진실한 하를렘의 뉴스』에는 헤르만 반 팜버그 중개인이 하를렘에서 중국차를 판매한다는 광고가 실렸다. 의사가 교황에게 관절염 치료를 위해 매시간 초콜릿을 마시고 차를 손에 담그라는 처방을 내렸다는 기사도 있다. 1687년 4월 『동인도 차 포스트』에는 라이덴의 해부학극장이 생소한 커피, 녹차, 초콜릿을 보고 싶어하는 사람들로 가득 찼다는 기사가 실렸다. 이들 새로운 기호품은 브랜디 brandy 를 추방할 정도였다. 아침에 브랜디 한잔 대신 차 마시는 즐거움을 누리게 될 것이라 했다. 차를 관절염 치료제

그림 18 얀 라이켄, 〈약국 내부〉(암스테르담 국립미술관)

17세기 네덜란드 회화 속 차문화_욕망의 산물, 차와 도자기

로 실은 기사도 있었다.

또한 차를 네덜란드의 예네버르^{Jenever}, 즉 진^{gin}의 안전한 대체품으로 홍보하였다. 1689년 4월 2일『암스테르담 뉴스』는 헤이그에서 가드씨에게 차를 구입할 수 있다고 광고했다. 신문에는 차의 효능을 인정하지 않는 이들의 글도 싣고 있었다. 안트베르펜의 프란치스코 수도사들이 네덜란드에서는 와인이 아닌 차만 제공하는데, 맛없는 음료인 차를 금지해달라는 청원서를 스페인 왕에게 보냈다는 내용도 싣고 있다. 신문과 잡지에서는 판매, 효능 등의 내용 외에 풍자적인 내용에 차를 인용하기도 했다.

차문화의 확산: 신분음료에서 기호음료로

동양의 새로운 상품인 차는 네덜란드 사람들에게 호기심의 대상이었다. 의사, 학자, 공무원, 예술가 등이 특히 차에 관심이 많았다. 이들의 차 생활은 네덜란드에서 차의 대중화에 큰 영향을 끼쳤다. 17세기 전반, 암스테르담 외곽의 무이덴성에서 문화예술 및 과학 분야의 인사들이 정기적인 모임을 가졌다. 모임에서 그들은 차를 즐겨 마셨다. 이 모임의 이름은 무이덴회로, 장소를 제공한 시인 피터 코넬리스준 후프트, 콘스탄틴 호이겐스, 딜크 얀손 스웨 링크, 유스트 반 덴 반델, 마리아 테셀샤데 뢰머스 비셔 등이 모임의 중심인물이다. 토론과 음악이 있는 자리에 알코올 음료와 차가 자리했다. 모임의 일원인 콘스탄틴 호이겐스는 술을 싫어하고 차를 좋아해 애다인^{愛茶人}으로 널리 알려질 정도였다. 그는 벗들에게 보낸 편지에서 졸음을 깨우는 신성한 차, 활력과 영감을 주는 고귀한 천사의 음식이라며 차를 칭송했다.

남성들의 모임도 있었지만, 대체로 차는 남자보다 여자들이 즐겨 음용했다.

가정과 여성 그리고 차

네덜란드 가정과 여성

네덜란드는 시민의 주도로 독립을 쟁취했다. 사회의 리더가 된 시민은 도시 중산층이다. 그들은 가족이 사회의 중심이었다. 중산층 가정은 대가족이 아닌 부모와 자녀로 이루어진 핵가족 형태였으며, 이는 새롭게 형성된 사회적 단위였다. 따라서 핵가족 중심의 중산층 시민들에게는 새로운 덕성과 가정 윤리가 필요했다. 핵가족이 중심인 가정은 사랑과 믿음, 책임과 의무의 공간이었다. 칼뱅은 가정을 작은 교회라 했다. 가정에서 자녀를 양육하고 교육하는 것은 하나님이 부모에서 준 책임이자 의무라고 강조한 것이다. 이처럼 가정은 도덕적 가르침에서 교회를 대체하며 사회의 기초가 되었다. 네덜란드 사회에서 가정은 가장 중요한 사회적 단위로, 가정의 덕목과 질서를 사회적 최우선 가치로 여겼다.

17세기 네덜란드의 대표 학자이자 문학가인 야콥 캣츠Jacob Cats 는 남성은 사회, 여성은 가정을 이상적인 활동 장소로 구분했다. 야콥 캣츠가 엠블럼집emblem books에서 노래한 성에 따른 역할은 다음과 같다.

남편은 바깥에서 일을 해야 하고,
아내는 화덕에서 불을 지켜야 하네.
부지런한 남편은 바깥에서 지혜가 필요하고,
섬세한 아내는 안에서 도덕이 필요하네.
오, 근면한 남편이여! 나가서 빵을 벌지어다.

오, 가녀린 아내여! 집에서 화덕을 지킬지어다.

여성은 복종하는 삶이 아니라 가정에서 모범을 보이며 가사를 주도했
다. 가부장적 사회이지만 가정에서는 여성이 중심이었다. 가정의 덕목인
훈육, 근면, 성실, 청결 등을 실행하는 여성은 가정의 수호자로, 자녀 양
육, 집안일, 하인 관리, 방적紡績과 레이스 짜기 등을 수행했다. 특히 가정
에서 자녀 교육은 어머니의 가장 중요한 임무였다. 도덕 교육을 통해 덕
망있는 성인으로 성장시키는 것이 가정교육의 주된 목적이었다. 자녀교
육을 비롯한 가정에서 여성의 임무는 가치가 높은 일이었다. 17세기 네덜
란드에서 가정과 가족 그리고 사생활과 편안함은 매우 중요했다.

온 가족이 식탁에 둘러앉아 감사의 기도를 하고 맛있게 식사하는 것
은 가정에서 중요한 시간이었다. 이는 부모와 자녀가 함께하는 감사와 즐

그림 19 안 스테인, 〈사치를 경계하라〉(미술사박물관)

거움의 시간으로, 종교적 계율과 예절을 교육하는 시간이기도 했다. 화가들은 그림으로 모범적인 가정의 모습을 보여주었고, 사치, 방탕함 등으로 가정이 붕괴된 모습을 그리며 가정의 중요성을 강조했다. 얀 스테인Jan Steen 은 "부유할 때 조심하고 경고하라"는 격언과 연관된 그림 〈사치를 경계하라〉를 통해 가정의 악덕을 보여주며 도덕적인 가정을 지향할 것을 당부했다.

여성들은 집에서 청결, 식사, 양육을 구현했다. 새로운 가정 윤리가 구현된 교훈적인 그림은 17세기 네덜란드 회화에서 처음 나타났다. 특히 장르화는 가정에 대한 새로운 사회적 이상과 가정 내 여성의 역할을 보여주었다. 그리고 게으름, 지저분함 등 여성이 하지 말아야 할 것 또한 그림으

그림 20 니콜라스 마스, 〈파스닙 껍질을 벗기고 있는 여성 옆에 서 있는 아이〉(런던 국립 미술관)

로 보여주며 교훈적인 역할을 했다. 얀 스테인, 피터 드 호흐, 가브리엘 메추, 니콜라스 마스, 캐스퍼 네쳐 등의 그림에서 이러한 모습을 쉽게 찾을 수 있다.

'허젤러흐 Gezellig'는 네덜란드 정서이자 생활 가치로, '편안함', '아늑함', '따뜻함', '즐거움', '친근함' 등을 의미한다. 추운 겨울날의 티타임이나 가족과 도란도란 이야기 나눌 때, 벗들과 함께 할 때가 '허젤러흐'다. 특히 티타임, 즉 아늑한 공간에서 좋은 사람들과 차를 마시며 이야기 나누는 화기애애한 즐거움이 허젤러흐이다. 티타임은 유대감, 가정의 화목을 중시하는 네덜란드인이 17세기에 새롭게 만난 행복한 시간이었다.

그림 21 피터 드 호흐, 〈우아한 분위기의 여가시간〉(메트로폴리탄 미술관)

여성과 차생활

삶의 공간인 집과 가정은 근대의 산물이다. 17세기 도시의 중산층은 가족이 어울려 사는 집에 대한 애착이 매우 강했다. 도시의 중산층은 엄청난 돈을 투자해 그들의 취향대로 집을 꾸몄다. 장식장, 소파, 책상 등을 실내에 배치했고, 그림, 가구, 도자기, 카펫 등으로 실내 곳곳을 꾸몄다. 집은 과시의 공간이 되었다. 부유한 도시 중산층들은 아시아 등 이국의 산품들로 실내를 인테리어하며 부를 뽐냈다. 그들은 멋스럽게 꾸민 집안을 편안하고 안락한 공간으로 만들고자 했다. 집과 가정은 사적인 공간인 동시에 손님을 초대하여 사교가 이루어지는 공적인 공간이었다. 소비문화가 변화한 17세기, 가정에 새로운 문화인 티타임이 자리했다. 티타임을 통해 가족 그리고 초대한 손님들과 따뜻한 시간을, 편안하고 즐거운 분위기를 만들었다.

17세기 네덜란드인에게 티타임은 신비한 동양음료, 아름다운 도자기 다기, 새로운 음용법 등의 낯섦이 특별함으로 다가오는 시간이었다. 17세기 차는 부유한 도시 중산층만이 마실 수 있는 값비싼 음료였다. 그들은 최신 유행품인 특별하고 배타적인 기호품, 차를 맛보고 싶어했다. 의식처럼 행해진 차 마시기는 특히 여성들에게 사회적으로 중요한 의미를 가졌다. 필립 타이드만Philip Tidemann 의 〈응접실 티테이블에 자리한 다정한 동료들〉에서는 17세기 부유한 중산층의 티타임을 만날 수 있다. 티파티가 행해진 응접실은 우아한 장식과 그림으로 둘러싸인 벽 중앙의 화려한 칸막이 가구(병풍)와 커튼으로 꾸며져 있다. 그 앞에 화려한 다리 장식의 대리석 티테이블과 티캐틀 스탠드tea kettle stand 가 있고, 한쪽엔 카펫으로 덮은 사각 테이블이 있다. 중심에 자리한 원형 테이블은 귀부인들이 즐기는 티테이블이고, 왼쪽의 직사각형 테이블은 귀부인들의 티타임이 원활하게

그림 22 필립 타이드만, 〈응접실 티테이블에 자리한 다정한 동료들〉(암스테르담 국립미술관)

진행될 수 있도록 꾸며진 보조 티테이블이다. 원형 테이블에는 네 명의 귀부인들이 차를 즐기고 있다. 티캐틀 스탠드 옆에 앉은 여성이 안주인 hostess 으로, 그녀에 의해 티타임이 진행되었다. 즐거운 티타임을 위해 왼쪽 테이블에는 하녀가, 오른쪽 계단에는 안내하는 하인이 있다. 도란도란 이야기꽃을 피우며 차를 즐기는 티타임은 그들만의 사적인 시공간을 만들었다.

부유한 중산층의 가정에서는 응접실, 식당, 육아실, 음악실 등 집안 어디에서나 차를 마셨다. 부유한 중산층의 일상을 사실적으로 표현한 프란스 반 미에리스 Frans van Mieris 의 〈듀엣〉이 이를 보여준다. 그림의 공간인 호화로운 음악실에서 아내는 하프시코드를, 남편은 류트 lute 를 연주하고 있다. 부부는 차를 가져온 어린 하인을 보지 못할 만큼 음악에 심취해 있다.

가정의 안주인은 다관의 수호자로 티타임을 진행했다. 원활한 티타임을 위해 안주인 옆에는 티캐틀 tea kettle 이 놓인 티캐틀 스탠드가 자리했다. 먼저 안주인은 티캐틀의 따끈한 물을 티포트 tea pot 에 따라 차를 우렸

그림 23 프란스 반 미에리스, 〈듀엣〉(슈베린 주립박물관)

다. 우린 차는 찻잔에 따라 잔받침에 받쳐 손님에게 접대한다. 찻잔의 차
를 그대로 마실 때도 있었지만, 얀 브로델렛Jan Broedelet의 〈정원에서 커
피나 차를 마시는 남녀〉처럼 찻물이 뜨거워 잔받침에 따라 식혀 마시기도
했다. 잔받침에 식혀 마시는 차는 유럽에 유입된 초기인 17세기 네덜란드
의 음다풍속이다. 18세기 중엽에 이르면 찻잔에 손잡이가 만들어지면서
찻잔으로 차를 마시는 이들이 많아졌다.

　15세기 말, 암스테르담은 싱겔운하를 따라 요새를 구축하고, 항구와
담광장을 중심으로 성장했다. 교역의 발달로 기존의 항구가 한계치에 이
르고 인구가 급격하게 증가하자 암스테르담은 1609년 도시확장프로젝트

그림 24 얀 브로델렛, 〈정원에서 커피나 차를 마시는 남녀〉(암스테르담 국립미술관)

를 결정하였다. 암스테르담의 서남쪽에 헤렌그라흐트 herengracht, 프린센
그라흐트 Prinsengracht, 카이저그라흐트 Keizersgracht가 건설되는 대대적인
도시 확장공사였다. 세 개의 운하를 따라 저택들이 늘어섰다. 특히 바르
톨로티 하우스 Bartolotti house, 크롬하우트 하우스 Cromhout house 등 부유한
상인들을 위한 신도시가 헤렌그라흐트 운하변에 조성되었다. 부유한 상
인들의 저택은 운하를 감상할 수 있는 아름다운 타운하우스였다. 좁은 땅
위에 건설되어 긴 직사각형 형태로 벽돌집을 지었고, 집 뒤편에 정원을
만들었다.

1660년 목재상인 야콥 크롬하우트와 그의 아내 마가레타 바이티어스

의 의뢰를 받은 건축가 필립스 빙분스Philips Vingboons는 고전주의 양식의 주택 4채를 설계했다. 4채의 크롬하우트 하우스는 삼각형 페디먼트로 장식된 석조 외관의 고전주의 양식의 화려한 저택이었다. 크롬하우트 하우스 4채 중 1채는 야콥 크롬하우트 가족이 살고, 나머지 3채는 임대를 했다. 1662년 완성된 집의 실내는 커튼부터 장식품까지 이국의 산품으로 화려하게 꾸몄다. 정원 역시 아름답게 꾸며 마치 프랑스 성과 같다고 말할 정도였다.

야콥 크롬하우트는 그 집의 화려하게 꾸며진 실내와 정원에서 가족과 차를 마시곤 했다. 그의 티타임은 마티아스 나이베우Matthijs Naiveu의 그림

그림 25 마티아스 나이베우, 〈네덜란드의 애프터눈 티〉(에킨슨 아트 갤러리)

17세기 네덜란드 회화 속 차문화_욕망의 산물, 차와 도자기

으로 남겨졌다. 한 남자와 두 여자가 화려하게 장식된 실내에서 차를 마시고 있다. 남자는 야콥 크롬하우트이고, 두 여자는 아내와 그녀의 여동생이다. 크롬하우트 부부의 티테이블이 있는 차실은 프랑스 살롱과 같았다. 장식장에 보관된 다기를 꺼내어 티테이블과 티캐틀 스탠드에 배치해 두었다. 티테이블에는 자사호, 청화백자 찻잔, 다식접시, 퇴수기 등 다기가 펼쳐져 있고, 티캐틀 스탠드에는 티캐틀이 놓여 있다. 티타임의 진행자는 이 집의 안주인인 야콥 크롬하우트의 아내이다. 티캐틀 스탠드에 있는 티캐틀을 들어 작은 자사호에 뜨거운 물을 붓는다. 그리고 청화백자 찻잔에 우린 차를 따라 마신다.

17세기 후반 이후 네덜란드 궁정과 부유한 도시 중산층에서 차 마시는 관습은 새롭게 유행하였다. 이러한 음다풍속은 그림 외에도 희극을 통해서도 엿볼 수 있었다. 수사가협회와 유랑극단이 장터에서 공연한 희극은 17세기 중반 이후가 되면 희극 전용 상설극장이 설립되어 그곳에서 공연되었다. 당시 희극은 풍자극이었다. 사회적 이슈, 삶에서의 문제 등을 주로 다룬 희극은 관람자에게 웃음과 교훈을 주었다. 사실적인 주제를 현실감 있게 그린 희극 공연은 재미와 교육적 성격을 지니고 있었다. 1701년 암스테르담에서 상연된 희극 〈차에 푹 빠진 귀부인들〉은 새로운 여가문화, 티타임이 주제였다. 이는 17세기 말 네덜란드의 차풍속을 짐작할 수 있는 희극으로, 당시 부유한 도시 중산층 여성들의 찻자리 모습을 재현하고 있다. 사치와 풍요의 자리였던 티타임을 통해 물질적 사치가 정신적 사치로 물들어가는 여성의 모습을 묘사하고 있다. 훈계와 경고 메시지가 담겨 있는 희극은 새롭게 유행되고 있는 여유로움과 따뜻한 분위기의 여가문화, 티타임을 많은 이에게 보여주는 자리이기도 했다.

오후 2~3시경, 티파티에 초대받은 손님들이 오면, 안주인은 정중하게 인사하며 손님을 맞이한다. 손님을 티테이블로 안내한다. 손님은 의자에 앉아 발난로 위에 발을 올려 놓는다(겨울에도 여름에도 발난로를 사용한다). 안주인은 도자기나 은세공 차통에서 차를 꺼낸다. 안주인은 은으로 만든 차 거름망이 달린 작은 도자기 티포트에 차를 넣으려 하면서, 손님에게 "어떤 차로 할까요?" 하며 공손하게 묻는다(그러나 대체로 안주인이 차를 선택한다). 안주인은 작은 티포트에 차를 담아 우린다. 혼합차를 좋아하는 손님을 위해 티포트에 사프란saffron을 미리 우려 둔다. 사프란을 우린 티포트와 우린 차를 따른 찻잔을 손님께 건넨다. 손님은 사프란 차를 찻잔에 부어 마신다. 이때 쓴맛을 없애기 위해 설탕을 넣기도 하지만 우유는 넣지 않았다. (중략)

여기서 압권은 차를 마시는 모습이다. 귀부인들은 차를 찻잔으로 마시지 않고, 잔받침에 따른 후 소리를 내며 마셨다. 소리를 내며 마시는 것은 차를 접대한 안주인에 대한 고마움의 표시로, 예의 바른 태도라 생각했다. 다담茶談은 차와 함께 나오는 케이크에 한정된 것이 관례였다. 티타임에서 평균 10잔에서 20잔가량의 차를 마셨다. 차를 다 마시고 나면 브랜디brandy가 나온다. 손님인 귀부인들은 브랜디에 설탕을 넣은 후, 홀짝홀짝 마시면서 담배를 피웠다.

17세기 네덜란드 귀부인들의 격식있는 티타임을 그린 희극에서 안주인은 티타임을 위해 티테이블에 티캐틀, 티포트, 찻잔과 잔받침, 차통과 사프란통, 케이크 접시, 브랜디 등을 준비하고 손님을 맞이했다. 준비해 둔 발난로를 손님이 앉자마자 내어준다. 티타임이 진행되는 동안 발난로는 긴 치마 속에서 몸을 데워준다. 발난로는 아늑하고 편안한 티타임을 위한 안주인의 배려다. 본격적인 티타임이 시작되면, 차는 기호에 따라 마셨다. 어떤 차인지 알 수는 없지만 안주인은 은세공이나 도자기 차통에 대접할 차를 담아 두었다. 우려낸 사프란을 담은 티포트도 준비한다. 차는 기호에 따라 스트레이트 차straight tea, 설탕을 첨가한 차, 혹은 사프란을 넣은 가향차flavory tea를 마셨다. 이때 설탕과 사프란은 차의 쓴맛을 없애고 달콤하고 향긋한 차를 즐기기 위함이다. 동시에 설탕과 사프란 등 고가의 조미품은 부의 과시이자 극진한 대접을 위한 표식이기도 했다. 달콤한 다식tea food과 함께 차를 마시면서 다담을 즐겼다. 다식으로 케이크, 비스킷, 마지팬marzipan 등을 준비했다. 티타임의 마무리는 설탕을 넣은 브랜디와 담배로 장식했다.

보통 오후 2~3시에 시작되는 티파티에는 나름의 규칙과 예절이 있었다. 형식적인 예禮이기는 하지만 안주인은 "어떤 차로 할까요?" 하며 손님께 마시고픈 차를 물은 후 우렸다. 안주인은 설탕, 사프란 등을 갖추고 기호에 맞게 즐길 수 있도록 배려했다. 찻잔을 받은 손님은 소리 내어 차를 마심으로 귀한 차를 정성껏 내어줌에 대한 고마움을 표했다. 다담은 차와 다식tea food으로 한정했다. 상호 존중과 예절 속에 이루어지는 찻자리의 모습이다.

동양의 차문화 모방으로 시작된 티타임은 빠르게 그들 나름의 차문화를 만들어 가고 있었다. 아침과 오후에 차를 즐겨 마시는 사람들이 점차 늘어났다. 혹자는 오후의 티타임afternoon time 역시 네덜란드에서 비롯되었다고 한다. 동양의 다기를 그대로 사용하기도 했지만, 은세공 차통, 차 거름망이 달린 티포트, 설탕기 등 동양의 다기를 변형하거나 새로운 다기를 만들어, 즉 그들의 생활관습에 맞는 다기를 갖춰 티타임을 즐겼다. 네덜란드인들의 생활에 자리한 지 얼마 되지 않는 시기부터 그들 나름의 차

그림 26 피터 반 덴 베르거, 〈다과회〉(암스테르담 국립미술관)

음용법, 규칙과 예절을 만들어 차생활을 했다.

교외 별장과 티돔tea dome

암스테르담은 17세기 유럽에서 가장 큰 수도이자 최고의 무역도시로 성장했다. 17세기 상업도시 암스테르담은 문화예술의 엘리트층이 두터운 중산층의 도시였고, 유럽의 대표 문화수도로서 유행을 선도하는 역동적인 도시였다.

17세기에 도시화가 진행되면서 도시와 시골이 확실하게 분리되었다. 부유한 도시 중산층은 경관이 아름다운 암스테르담의 교외에 별장을 지었다. 그들은 넓은 토지를 사들여 아름다운 집을 지었는데, 특히 부유한 암스테르담 상인들은 번화한 도시를 떠나 아름다운 베흐트강변에 사유지를 마련했다. 도시의 집은 핵가족이 살기 때문에 대부분 작았지만, 별장은 크고 넓게 지었다. 물 맑고 경관이 아름다운 곳의 별장은 주로 휴양을 위해 지어졌는데, 주로 여름 주거지였던 시골 별장은 집주인의 관심사와 취향을 흠뻑 반영한 집이었다.

주택과 드넓은 정원의 별장에는 차를 위한 특별한 공간인 전용 티룸, 티돔이 마련되었다. 티돔은 대체로 정원을 한눈에 바라볼 수 있는 아름다운 자리에 만들어졌다. 집주인의 취향을 물씬 담아 실내를 장식한 티돔은 휴식의 장이자 사교의 장이었다. 티돔에서 차를 마시면서 아름다운 경치를 보며 한가함을 즐겼다. 별장의 정원에서도 차를 마시곤 했다. 티돔과 분수와 조각상, 늘어선 가로수와 이국적인 식물들, 동굴, 호수 등으로 꾸며진 정원은 부유한 상인들의 놀이터였다. 사치가 그들의 삶 속에 들어오며 교외의 별장은 가정의 내밀한 공간인 동시에 소유자의 부유함과 취향을 즐기는 공간이었다.

차 판매상

17세기 후반이 되면 차를 마시는 외식공간이 생겼다. 암스테르담에는 강둑을 따라 찻집이 하나둘 생겨났다. 찻집에서 차를 마시며 사업 관계를 논의했고, 반가운 만남을 가졌다. "네덜란드인들은 항상 차를 즐겨 마셔 티캐틀이 불에서 내려오거나 그대로 내버려 두는 일이 없다"고 한 존 오빙턴의 기록처럼 차는 빠르게 부유한 도시 중산층을 중심으로 확산되었다. 1680~1690년대 네덜란드 차시장은 유럽에서 제일 크고 전문화되었다. 네덜란드에서 차를 사치품으로 그리고 기호품으로 즐기는 음용 인구가 늘어나자 차 전문점이 하나둘씩 생겨나기 시작했다. 벽 한 면에 커다란 차나무, 혹은 차밭에서 찻잎을 채취하는 중국인 그림과 문구를 적어놓으며 홍보한 차 판매점도 있었다.

이곳을 그냥 지나치지 마세요.
좋은 차 있으니 향을 맡고 맛을 음미해 보세요.
그리고 원하시면 가져가세요.

차 판매점에서의 차 구입은 꼬박 하루가 필요할 만큼 오래 걸렸다. 차 판매점에서는 차의 향미를 느끼고 기호에 맞는 차를 사 갈 수 있도록 여러 개의 티캐틀과 티포트, 찻잔 등 시음용 다기를 비치해 두었다. 차 판매점 주인은 작은 크기의 시음용 티포트에 차를 우려 손님의 기호에 맞는 차를 선택할 수 있도록 도왔다. 스트레이트 티뿐 아니라 블렌디드 티, 플레이버리 티도 제공했다. 가정에서 찻일은 주부의 몫이어서 차 가게의 손님 대부분은 여성이었다. 차의 입고 소식을 접하면 여성들은 차 판매점에 몰려들었다. 차를 구입하려는 손님은 비치된 찻잎을 씹어 향미를 느끼기

그림 27 티포트, 델프트(암스테르담 국립미술관)

도 했고, 우린 차를 입에 머금으며 취향에 맞는 차를 선택하기도 했다. 어떤 손님은 자신의 다기를 준비해 와 차 시음을 하기도 했다. 차 판매점에서는 차 외에도 티캐틀, 티포트 등과 같은 다기도 판매했다. 차 판매점에서는 차를 맛있게 우리는 방법을 설명해 주기도 했다.

영국의 철학자이자 의사인 존 로크Joha Locke는 1683년 네덜란드에 망명했을 때 차생활을 했다. 1689년 영국으로 돌아온 후에도 그는 커피하우스보다는 네덜란드의 티타임을 더 즐겼다. 그는 친구들에게 자신을 최고급 차를 좋아하는 차 애호가라 밝혔다. 이를 보면 당시 차 판매점에서는 다양한 종류, 다양한 등급의 차가 판매되었음이 짐작된다.

도시에는 노점상도 등장했다. 17세기 네덜란드 여성들은 가정 살림과 육아 외에도 경제활동에서도 적극적이었다. 남성의 전유물이었던 바

그림 28 코르넬리스 뒤사르, 〈차 상인〉(암스테르담 국립미술관)

제3장 회화에 재현된 네덜란드 차문화

깥 일을 여성이 맡기도 했다. 남편의 사업을 돕는 여성도 있고, 사업체를 소유한 여성도 있었다. 재산을 상속받는 여성도 있었다. 시장에서 상인도 소비자도 여성인 경우가 많았다. 여성 행상도 있었다. 〈차 상인〉이 이를 확인시켜 준다. '네덜란드 시내의 여성 차 행상'이라는 별칭을 갖고 있는 〈차 상인〉은 길거리에서 차를 파는 여성을 주인공으로 그렸다. 차 상인은 오른손에 티포트를, 왼손에 중국차라 쓰인 차통을 들고 있다. 그리고 차통 열쇠와 돈 주머니를 허리춤에 두르고 있다. 17세기 초 네덜란드에 유입된 차는 17세기 말엽에 이르면 시내에 차 판매점과 행상이 생겨날 정도로 빠르게 확산되었다.

엠블럼집과 차문화

엠블럼집은 당대 문화를 확산시킨 문학장르이다. 엠블럼집은 짧은 경구의 표제, 그에 해당하는 그림, 그리고 주로 운문인 해설서로 하나의 의미를 전달한다. 짧은 글과 그림으로 표현하는 의미를 오래도록 기억할 수 있도록 한다. 야콥 캣츠, 얀 라이켄 등이 17~18세기 초 네덜란드의 엠블럼집 작가이다.

16세기 말 이후 엠블럼집은 네덜란드 중상류층에 보급되었다. 엠블럼집은 당대 추구하는 도덕, 가정 윤리 등 시민적 가치를 제시하며, 사회·문화의 요구에 부응했다. 특히 야콥 캣츠의 엠블럼집은 기독교적 윤리에 입각한 새로운 시민적 덕성과 문화적 정체성을 제시했다.

누구든지 언제든지 어디에서나 들어보거나 읽을 만한 경구와 속담을 모았다. (중략) 이 책을 읽는 모든 사람이 보다 나아지길 바란다.

그림 29 (좌) 야콥 캣츠, 『고금의 거울』 표지(인터넷 아카이브), (우) 얀 라이켄, 『교훈적인 가정용품』 표지(암스테르담 국립미술관)

1632년 출판한 엠블럼집 『고금古今의 거울』 서문처럼 엠블럼집은 삶의 지혜이자 교육서였다. 풍요로운 도시에서 도시의 리더로 중산층이 확고히 자리를 잡아가던 17세기, 야콥 캣츠의 엠블럼집은 판본을 거듭하며 사회를 이끄는 지침서로 자리했다. 엠블럼집을 통해 종교적, 도덕적 교훈으로 계도하고자 했다. 특히 엠블럼집은 변화하는 도시사회에서 여성의 지위와 권리를 적극적으로 다루었다. 야콥 캣츠의 엠블럼집은 네덜란드 중산층 가정에서 성격책과 함께 필독서였다.

17세기 부유한 중산층들은 궁전과 경쟁할 만큼 집을 열정적으로 꾸몄다. 1640년 네덜란드를 여행한 영국 상인 피터 먼디Peter Mundy는 집안 인테리어에 관심이 많은 네덜란드인의 모습을 다음과 같이 말했다.

네덜란드인들은 어느 나라 사람보다도 그림을 사랑한다고 생각한다. (중략) 그들은 집안을 꾸미는 데에도 경쟁하듯 한다. 현관도 비싼 물건으로 꾸민다. 정육점 주인, 제과제빵사, 대장장이, 구두 수선공 등 모든 사람이 그림을 소유하고 있다. 뿐만 아니라 가구 등 집안 인테리어를 꾸미는 데 비싸고 호기심 가는 물건들로 채우고 있다. (중략) 이들 모두는 집에 품질과 상관없이 다 갖추고 있는데, 집은 놀랍게도 단정하고 깨끗하다.

영국의 찰스 2세 치세하에 외교관이었던 윌리엄 템플경도 네덜란드의 중산층은 가구, 장식품 등을 럭셔리한 제품으로 집을 꾸민다고 했다. 황금기 네덜란드를 여행한 외국인들의 기록처럼 17세기 네덜란드인들은 집을 꾸미는 데 열심이었다. 중산층의 집안 꾸미기로 과소비가 만연한 17세기, 그들의 새로운 삶에 부합하는 물질문화를 얀 라이켄의 엠블럼집『교훈적인 가정용품』에서 볼 수 있다. 17세기 말부터 18세기 초에 유행한 가구, 도자기, 카펫, 식탁 등의 사치품과 일상용품을 소개한『교훈적인 가정용품』은 최신 인기상품을 소개한 카탈로그와 같은 역할도 수행한 듯하다.

엠블럼집『교훈적인 가정용품』에는 거실, 주방, 서재 등 집안에 진열한

그림 30 (좌) 얀 라이켄, 『교훈적인 가정용품』「차와 커피 용구」, (우) 커피포트, 델프트(암스테르담 국립 미술관)

17세기 네덜란드 회화 속 차문화_욕망의 산물, 차와 도자기

「식탁」을 시작으로 하여 「보석함」까지 50개의 가정용품을 싣고 있다. 식당의 모습은 「식탁」, 「차와 커피 용구」, 「냅킨」 등에서 확인할 수 있다. 식당, 거실 등은 차를 마시는 공간이었다. 거실과 독립된 식당은 17세기 중반 상류층의 주택에서만 볼 수 있다. 그중 원형식탁을 중심으로 찬장과 도자기, 가족 초상화 등이 배치된 식당에 차와 커피 용구, 설탕기 등이 보인다. 당시 차와 커피는 포트pot 구분 없이 사용하기도 했다. 「차와 커피 용구」에 묘사한 긴 주둥이와 손잡이가 달린 긴 형태의 포트는 17세기 말, 18세기 초에 중국 징더전과 네덜란드 델프트에서 생산되었다.

차는 17세기 말엽으로 가면서 건강음료에서 기호음료이자 사치품으로 자리했다. 얀 라이켄은 「차와 커피 용구」에서 소비 욕구가 지나친 사람들은 하루 네 차례나 커피와 차를 마신다고 하며 허영심을 비판했다. 1665년 사치금지법을 제정할 정도로 당대 소비문화는 우려되었다. 야콥 캣츠, 얀 라이켄은 엠블럼집에서 지나친 과시의 욕망으로 과잉 소비하는 그곳에 티타임이 자리하고 있다고 지적했다.

북아메리카 뉴욕과 차

네덜란드의 대서양 진출은 아시아 진출보다 늦었다. 1609년 네덜란드 동인도회사가 아시아 무역을 위해 새로운 북극항로를 개척하는 과정에서 반달호를 이끈 헨리 허드슨Henry Hudson 선장은 북아메리카대륙의 맨해튼을 발견했다. 1610년 반달호가 비버 모피를 비롯한 아메리카대륙의 특산물을 구입하면서 네덜란드인들은 맨해튼을 주목하기 시작했다. 네덜란드 정부는 1619년 서인도회사The Dutch West India Company, WIC에 북아메리카대륙의 동부지역에 대한 독점 면허권을 주었다. 1621년 서인도회사는 네덜란드 의회로부터 서아프리카를 포함한 아메리카 무역의 운송과 무역

독점권 특허를 인정받았다. 네덜란드 서인도회사 역시 동인도회사와 같이 무역과 식민지 개척 활동을 위한 무력 침략을 동시에 수행하는 국가적 권한의 기업이었다. 서인도회사는 이곳에 사람들을 이주시키고, 암스테르담 요새를 세우며 뉴암스테르담을 건설했다. 1620~1630년대 네덜란드 서인도회사는 뉴암스테르담(현 뉴욕)을 포함한 뉴네덜란드인 코네티컷, 뉴저지주 중북부 등 지역에 무역 거점을 수립했다.

17세기 네덜란드는 아메리카대륙의 뉴암스테르담에 자국의 수도 암스테르담을 담았다. 네덜란드인들은 맨해튼 남단을 계획도시로 건설했다. 그리운 고향 암스테르담처럼 항구와 연결된 운하를 만들었고, 풍차, 벽돌집 등 네덜란드풍으로 건설했다. 그들은 암스테르담에서 유행하기 시작한 새로운 기호품인 차도 그곳에서 즐기기 시작했다. 1647년 네덜란드 동

GOV. STUYVESANT'S HOUSE, ERECTED 1658, AFTERWARDS CALIED " THE WHITEHALL."

그림 31 〈1658년에 건립한 스타이브센트 주지사의 집〉(뉴욕공립도서관)

인도회사의 이사인 피터 스타이브센트Peter Stuyvesant가 주지사로 뉴암스테르담에 도착했을 때 그의 생활용품 품목에 티포트, 찻잔, 티스푼 등 다기가 있었다. 당시 뉴암스테르담 부유한 가정에서는 티테이블, 차 쟁반, 티포트, 티스푼 등을 갖추고 있었다. 부유한 이들은 가정에서 차를 마셨고, 접빈과 사교 음료로 차가 제공되었다. 부유층의 일상에 차가 자리하자 동양에서 차생활을 위한 다기를 수입하였다. 이렇듯 뉴암스테르담의 차 마시는 풍습은 그들의 고향인 네덜란드에서 옮겨지고 있었다.

1664년 발발한 영란전쟁의 결과로 맺은 브레다조약에서 네덜란드는 영국에게 뉴암스테르담을 넘기고, 육두구 산지인 인도네시아의 룬섬과 설탕 재배지인 남아메리카의 수리남을 얻어냈다. 이후 뉴암스테르담은 '뉴욕New York'으로 명명되었다. 영국의 식민지가 되어서도 차 소비는 점차 증가하는 추세였다. 1690년 보스턴의 상인 벤자민 해리스와 다니엘 버논은 차를 판매할 수 있는 면허증을 발급받았다. 당시 북미대륙은 밀수차를 많이 마셨는데, 네덜란드를 통한 밀수가 많았다.

17세기 북미대륙의 네덜란드 정착민을 비롯한 영국, 프랑스 등에서 온 유럽 이주민들에게 차 마시는 관습이 전해졌다. 차는 그곳에서도 부유한 사람들만이 누릴 수 있는 사치품이었다. 특히 여성들이 차를 좋아했다. 1650년대 이후, 네덜란드인들은 식민지 뉴네덜란드에 중국차를 본격적으로 수출했다. 초기 식민지 주민들은 차를 스트레이트 티로 마시기도 했지만 설탕을 첨가하거나 사프란, 복숭아잎 등을 첨가해 마시기도 했다. 손님이 오면 차와 술, 케이크 등으로 환대했다. 차는 환영의 표현으로, 사교의 중심음료가 되어갔다. 티타임의 즐거움은 네덜란드인들에 의해 점차 뉴욕을 비롯한 아메리카대륙에 빠르게 소개되었다. 17세기 후반에서 18세기로 가면서 네덜란드에 이어 영국의 차문화가 덧대어져 갔다. 한편 차

KNAPP'S TEA-WATER PUMP.

그림 32 1700년대 뉴욕의 티워터 펌프(뉴욕공공도서관 NYPL 디지털 컬렉션)

생활을 통해 찻물의 중요성을 느끼게 되자, 맛있는 차를 위한 신선한 고
품질의 찻물을 찾게 되었다. 18세기 초, 찻물로 좋은 우물에 펌프를 설치
하기도 했다. 사람들은 그 샘물을 '티워터 펌프tea water pump'라 불렀다. 뉴
욕에는 물행상이 생겨났다. 이후 티워터 펌프는 티가든으로 불리는 휴양
지가 되며 18세기 뉴욕 차문화의 중심지가 되었다. 17세기 후반 북미대륙
은 영국이 통치했지만 네덜란드 차문화의 영향은 남아 있었다. 18세기에
들어서며 북미대륙의 차문화는 네덜란드식에서 영국식으로 점차 자리하
게 된다.

인형의 집과 차문화 공간

수집가의 캐비닛, 인형의 집

17세기 네덜란드 인형의 집은 캐비닛의 내부를 구획하여 목적에 맞는 가구와 생활용품, 화려한 그림과 조각, 값비싼 장식품과 공예품 등을 배치한 진열장으로 어른들을 위한 미니어처 예술품이다. 네덜란드에서 인형의 집은 경제적으로 풍요롭고 시민사회가 형성된 17세기부터 보인다. 다양한 예술품과 이국적인 수집품을 보관한 인형의 집은 부유한 중산층 여성들이 만든 문화이다. 16세기 독일에서 유행한 왕실과 귀족의 미니어처 캐비닛이 17세기 네덜란드에서 독자적인 길을 걸으며 부유한 시민계층의 문화로 자리했으며, 네덜란드의 인형의 집은 18세기 영국의 베이비 하우스 baby house 에 영향을 준다.

네덜란드에서 인형의 집에 대한 최초 기록은 17세기 중반이다. 델프트의 안나 바이츠 Anna Weijts, 암스테르담의 오픈 코피트 Oopjen Coppit 와 벤델라 비커 Wendela Bicker 의 재산목록에 인형의 집이 보인다. 그러나 이들의 인형의 집은 문헌상으로만 전해질 뿐이다. 인형의 집 실물은 17세기 후반 페트로넬라 드누와 인형의 집 The dollhouse of Petronella Dunois, 1676, 페트로넬라 데 라 쿠르트 인형의 집 The dollhouse of Petronella de la Court, 1670~1690, 페트로넬라 오르트만 인형의 집 The dollhouse of Petronella Oortman, 1686~1710 에서 만날 수 있다. 세 명의 인형의 집 주인은 도시의 부유한 중산층인 엘리트층과 상인이다. 부유한 그들은 미니어처 도자기를 중국에 주문했고, 은 세공가, 가구 제작자, 화가, 조각가 등 최고의 예술 장인들을 총동원해 인형의 집을 완성했다. 페트로넬라 오르트만의 인형의 집은 20여 년의 시간을 투자해 실제와 같은 집의 축소형으로 완성했다. 이 인형의 집은 러시아의 표트르 대제가 구입하고 싶어 네덜란드에 방문할 정도로 대단했는데, 표트르 대제는 며칠 동안이나 경매에 참여했지만 낙찰받지 못했다고 한다. 지금은 암스테르담 국립미술관에 소장되어 있다.

17세기 세 채의 인형의 집 중 가장 이른 작품인 페트로넬라 드누와의 인형의 집을 먼저 살펴보자. 부모에게 상당한 유산을 받았던 페트로넬라 드누와는 암스테르담에 살던 시절 인형의 집을 주문했다. 1677년 드누와는 레이던시의 비서관 피터 반 흐뢰넨데이크와 결혼할 때, 결혼 지참품 목록에 '장식품이 있는 인형의 집'을 올렸다. 페트로넬라 드누와에게 인형의 집은 애장품이자 재산이었다. 그녀의 인형의 집은 응접실, 산후 조리실, 육아실, 세탁실 등 8개의 방이 있는 3층 호두나무의 캐비닛 형태이다. 은제 미니어처와 도자기, 가구, 그림, 병풍 등이 인형의 집 방마다 배치되었다. 다기도 한자리를 차지하고 있다. 그녀는 린넨 시트와 핀 쿠션에 그녀의 이니셜인 'PD'를 새겨넣을 정도로 인형의 집을 사랑했다.

페트로넬라 드누와의 먼 친척인 페트로넬라 데 라 쿠르트 역시 인형의 집을 소유하고 있었다. 감식안이 뛰어난 수집가였던 드누와와 라 쿠르트는 암스테르담 싱헬에 살았다. 부유한 도시 중산층이었던 그녀는 어릴 적부터 예술품 속에서 살았다. 라 쿠르트는 1649년 암스테르담의 부유한 비단 상인 아담 오르트만과 결혼했다. 1657년 오르트만은 암스테르담의 싱헬에서 백조양조장을 운영하며 상당한 재산을 축적했다. 그녀는 예술품을 본격적으로 수집했다.

페트로넬라 데 라 쿠르트는 20여 년 만에 올리브나무로 만든 캐비닛에 지층地層부터 2층까지, 총 3층 인형의 집을 소유했다. 캐비닛에는 'AO'가 새겨져 있는데, 이는 남편 아담 오르트만의 이니셜로 추정된다. 라 쿠르트의 인형의 집은 예술의 방, 서재, 육아실, 정원 등 11개의 방으로 구성

그림 33 페트로넬라 드누와 인형의 집(암스테르담 국립미술관)

되었다. 라 쿠르트는 가구, 도자기, 그림, 조각, 조개껍질, 지구본, 책 등 전 세계에서 수집한 귀한 수집품들을 각 방마다 적절하게 배치했다. 특히 예술의 방은 초상화, 판화, 조각, 도자기들로 가득 차 있는데, 벽난로 위 도자기 장식 중 티포트가 눈에 띈다. 그녀는 예술의 방과 응접실의 신사와 숙녀, 서재에서 책을 보는 신사, 와플을 굽는 하녀, 아이를 돌보는 보모 등 인형들을 방마다 두었다. 이 집의 주인인 듯한 인형은 일본 기모노 스타일의 실크 로브ʳᵒᵇ를 입고 편안하게 앉아있다.

페트로넬라 데 라 쿠르트 사후에는 오랜 시간 수집했던 방대한 수집품이 경매에 붙여졌다. 1707년 재산경매 카탈로그에서 그녀가 대단한 수집가였음이 확인된다.

> (이 물품들은) 백조양조장을 운영했던 아담 오르트만의 미망인, 페트로넬라 데 라 쿠르트가 50여 년 동안 막대한 비용과 노력을 투자한 결과물이다.

라 쿠르트는 150여 점의 회화작품과 수십 개의 조각품, 2,000여 점의 도자기, 희귀한 조개와 보석 등 자연물, 책, 지구본 등 1,600여 점의 미니어처를 수집한 미술품 컬렉터였다. 프란스 반 미에리스의 〈의사의 방문〉, 제라드 드 라이레스의 〈리코메데스의 딸들 사이에서 발견된 아킬레스〉, 루카스 반 레이덴과 렘브란트의 판화, 프란시스 반 보스수트의 조각 등 유명작가의 작품이 인형의 집에 빼곡했다. 응접실에는 프레데릭 드 무쉐론의 풍경 벽화가 둘러져 있다. 인형의 집에는 은식기를 비롯한 은세공품도 상당했지만, 19세기에 도난당해 지금은 없다. 다양한 품목과 엄청난 양의 수집품을 보면, 그녀의 감식안이 얼마나 뛰어났는지 짐작할 수 있다.

인형의 집은 화려한 찬장 아래, 미니어처 가구와 실내장식 전시를 극대화한 수집가의 캐비닛이다. 열고 닫힘의 진열장인 인형의 집은 무대처럼 정면에서 볼 수 있도록 벽을 하나 없애고 8~11개 칸으로 구획하여 독립적 기능의 방을 나열했다. 화가와 조각가, 유리 공예가, 도공, 은세공인

그림 34 (위부터) 페트로넬라 데 라 쿠르트 인형의 집(위트레흐트 중앙박물관)과 '예술의 방', 응접실 벽을 두른 프레데릭 드 무쉐론의 풍경화

139

등 장인들의 예술품 집합체로, 응접실, 산후 조리실, 육아실, 식당, 부엌, 저장고, 세탁실 등 공간마다 특성에 맞게 가구, 생활용품, 문화용품, 장식품 등을 배치했다. 인형의 집 문을 열면 당시 상류층 가정의 일상이 눈에 들어온다. 예술품을 전시·보관한 인형의 집을 회화로 재현하기도 했다. 인형의 집은 17세기 네덜란드가 물질문화의 정점에 이른 황금기임을 보여주는 좋은 사례이다.

네덜란드 여성들은 인형의 집을 통해 세련된 취향을 보여줌은 물론이고, 여성의 임무를 교육하고 있다. 인형의 집에서 아이를 낳고 키우고, 정갈하게 살림하며 행복한 가정을 유지하는 주부와 어머니로서의 삶을, 취미생활과 교양을 쌓아 자신에게 만족하는 문화인으로서의 삶을 보여주었다. 특히 산후 조리실, 육아실은 물론이고 세탁실, 부엌, 저장고 등 집안 곳곳에 가정에서의 여성의 임무를 펼쳐 보임으로써, 딸에게 가정을 관리하는 주부로서의 역할을 미리 알려주었다. 미니어처 진열장인 인형의 집은 딸이 가정적이고 사회적 인간으로 성장하도록 가르치는 교육의 장이었던 것이다. 그러므로 인형의 집은 대부분 여성 소유였고, 소유자의 사후 딸이나 조카에게 물려주는 모계 유산의 성격을 지니고 있었다.

여성의 취향 공간, 인형의 집

앞서 살펴보았듯이 인형의 집은 네덜란드의 황금시대, 부유한 여성 수집가의 취향과 세련된 안목으로 진열한 사적 영역이었다. 인형의 집은 예술품을 압축적으로 보여주는 문화 전시장으로, 그림도 조각도 은세공품도 모방품이 아닌 유명 예술가의 작품이었다. 도자기, 은기, 바구니, 양탄자 등도 실물과 같은 재료로 완벽하게 재현하였고, 도자기와 병풍도 중국과 일본의 산품이거나 델프트 작품이다. 크기만 작을 뿐이지 재료, 형태,

비용면에서 상상을 초월했다.

17세기는 여성이 자신의 의지대로 자유롭게 활동하고 마음껏 뜻을 펼치기 힘든 시대였다. 여성이 취향과 의지대로 할 수 있는 것은 가정에서의 살림이었다. 집안의 물건을 고르고 배치하는 것은 가정주부의 세련된 안목과 예술적 취향에 의해 행해졌다. 집은 가정주부의 전유물이자 여성적 주체성이 실현되는 공간이었다. 남자의 호기심 캐비닛처럼 인형의 집은 여성이 바깥 세계에 대한 관심을 표출한 흔적이라 할 수 있다. 여성들은 인형의 집 미니어처를 통해 확장된 세계를 집으로 끌어들여 감상하고 누렸다. 따라서 인형의 집은 소유한 여성의 자랑거리이자 자부심이었고, 다름을 표현하는 구별짓기 수단이기도 했다. 가치를 인정받은 인형의 집은 재산목록에 수록되었다.

17세기 인형의 집 중 가장 훌륭하다는 페트로넬라 오르트만의 인형의 집을 자세히 살펴보자. 1686년 부유한 비단 상인 요하네스 브란트 Johannes Brandt 와 재혼한 페트로넬라 오르트만은 높이가 2.5m가 넘고 폭이 2m가량인 인형의 집의 소유주이다. 오르트만의 인형의 집은 오크와 호두나무에 별갑鼈甲과 백랍으로 정교하게 세공한 캐비닛으로, 바닥은 대리석이며 9개의 방, 3층으로 구성되어 있다.

지하 1층에는 작은 응접실과 주방, 식당이 있다. 지하 1층 오른쪽에 위치한 작은 응접실은 태피스트리 tapestry로 벽을 둘렀고, 바닥 중심에는 카펫을 깔았다. 옻칠가구, 벽난로, 벽거울, 그리고 양쪽 벽면에 테이블과 의자들로 장식된 작은 응접실이다. 특히 옻칠가구 위에는 청화백자가 장식품으로 놓여 있다. 가운데는 주방이다. 작은 응접실과 식당 가운데 위치해 음식을 운반하기 편한 실용적 배치다. 요리하는 주방답게 청화백자, 백자 등 도자기 식기들이 많이 보인다. 가장 왼쪽은 식당이다. 다양한 동

그림 35 페트로넬라 오르트만 인형의 집의 지하층. 식당(암스테르담 국립미술관)

그림 36 페트로넬라 오르트만 인형의 집의 1층. 산후 조리실(암스테르담 국립미술관)

17세기 네덜란드 회화 속 차문화_욕망의 산물, 차와 도자기

양 도자기가 가득한 호화로운 그릇장이 식당 전면을 채우고 있다. 식당은 중국풍의 창문, 앵무새 새장과 그릇장의 자기 등으로 동양풍이 물씬하다.

지상 1층 중앙은 현관이다. 현관은 대리석 바닥에 천장은 신화를 테마로 프레스코화로 꾸몄다. 현관 오른쪽은 산후 조리실이다. 벽감壁龕, niche의 침대에 붉은색 화려한 커튼이 드리워져 있고, 병풍은 아기 요람을 가리고 있다. 그 옆 의자에는 아기 인형이 있다. 아기 요람과 아기, 그림 액자가 산후 조리실임을 말해준다. 한쪽 벽면에는 티웨어를 갖춘 티테이블이 있다. 현관 왼쪽은 손님을 맞이하는 응접실이다. 풍경화가 삼면 가득 그려진 벽면 코너에 앵무새가 그려진 접이식 테이블, 즉 파피어 매쉬 테이블 papier mache table 이 세워져 있다. 이곳 역시 벽난로, 테이블과 의자 등이 배치되었다. 테이블에는 주사위 놀이가 있고, 벽면 가득 의자들이 늘어진 것으로 보아 친목 도모의 공간임을 말해준다.

오르트만 인형의 집은 벽화, 천장의 프레스코화, 그림 액자 등을 빌렘 프레데릭스 반 로엔, 요하네스 부어하우트, 니콜라스 피에민트 등의 작품으로 채웠다. 스무여 개의 인형들은 디자이너의 유행 패션을 입혔고, 가구와 소품은 최고의 장인을 고용해 제작했다. 이집트 카펫, 상아와 은식기 등 화려한 산물로 가득하다. 빗자루도 돼지털로 만들 정도로 정성을 다했다. 세탁실의 냅킨, 산후 조리실의 침대 커버 등에는 오르트만 부부의 이름 이니셜인 B Brandt 와 O Oortman 로 수놓았다. 특히 오르트만의 재력을 과시하듯 방방마다 가구, 병풍, 테이블, 도자기, 친츠 chintz(꽃무늬 옥양목) 등 동양의 산품이 가득하다. 동양과 서양의 산품이 한 방에 있어도 전혀 이질감이 느껴지지 않는 것을 보면 세련된 페트로넬라 오르트만의 안목을 알 수 있다.

인형의 집을 소유하고 있는 집은 부유층과 예술을 사랑하는 이들에게

그림 37 페트로넬라 오르트만 인형의 집(암스테르담 국립미술관)

명소가 되었다. 인형의 집은 호기심과 오락의 대상이 되었다. 실제로 많은 사람이 오르트만의 인형의 집을 보고 싶어 했다. 1718년 오르트만 인형의 집이 너무 궁금했던 독일인 여행가 자카리아스 콘라드 폰 우펜바흐 Zacharias Conrad Von Uffenbach 는 지인에게 부탁해 겨우 그녀의 인형의 집을 볼 수 있었다. 당시 오르트만의 인형의 집은 딸의 소유였다. 그는 오르트만의 화려한 인형의 집을 보고 진귀한 전시품에 감탄할 뿐이었다. 그는 실물을 보았다는 사실만으로도 매우 자랑스러워했다.

　오르트만의 인형의 집 캐비닛은 1686년에서 1690년에 만들어졌지만, 가구, 장식품 등으로 완전하게 배치하는 데에는 15년이나 더 걸렸다. 오르트만은 인형의 집을 완성하는 데 20,000~30,000길더 guilders 가 들었다.

그 돈은 실제 집을 살 수 있는 금액이다. 오르트만은 인형의 집을 위해 시간과 돈, 수고를 아낌없이 투자했다. 애정이 듬뿍 담긴 인형의 집은 페트로넬라 오르트만의 유언에 따라 딸에게 상속되었다.

페트로넬라 오르트만 인형의 집은 화가 야콥 아펠Jacob Appel의 그림으로 재현되었다. 그는 아홉 개의 방 모두를 한눈에 볼 수 있도록 전시성을 극대화하여 그렸다. 호기심과 경이로움을 불러일으키기에 충분한 이국적이고 진귀한 전시품, 방마다 자리한 인물들로 생동감이 넘친다. 현재 인형의 집에는 스무 개 남짓한 인형들은 모두 사라지고, 산후 조리실에 아기인형만이 남아 있어 실거주자는 단 한 명이다. 야콥 아펠의 인형의 집은 네덜란드 황금시대 귀부인의 취향과 재력을 맘껏 과시한 정물화이다.

그림 38 야콥 아펠, 〈페트로넬라 오르트만 인형의 집〉(암스테르담 국립미술관)

인형의 집의 주요 장식품들은 동양의 이국적인 산품으로 꾸며졌다. 15세기 말 이후 유럽인들은 아시아, 아메리카대륙 등에서 새롭고 진귀한 산품들을 무수히 만났다. 16세기 포르투갈과 스페인, 17세기에는 네덜란드와 영국에 의해 본격적으로 진기한 산품들이 유입되었다. 유럽에서 이국의 산품을 수집하는 이들이 생겨났다. 그들에 의해 수집품을 전시하는 캐비닛이 탄생했다. 프란시스 베이컨Francis Bacon이 넓은 세계를 담으려면 정원과 커다란 캐비닛을 추천한다고 할 정도로 수집 열풍은 대단했다. 그 중심에 동양 산품이 있었다. 캐비닛은 세계를 한곳에 두고자 한 욕망과 과시에서 비롯되었다. 세계의 축소판을 지향한 캐비닛에는 온갖 특이하고 이상하고 진귀하고 아름다운 것들이 전시되었다. 16~17세기 남성들의 캐비닛에 동양의 차도 한 자리를 차지하고 있었다.

남성들의 캐비닛과 비슷한 것이 17세기 네덜란드에서 여성 수집가에 의해 만들어진 인형의 집이다. 여성 수집가는 취향과 안목으로 고른 진귀하고 값비싼 수집품을 적절한 곳에 배치한 후 인형의 집을 감상했다. 시간이 흐르면서 내부 장식을 수선하고 보완하며, 전시품을 교체하기도 했다. 인형의 집은 당시 집 내부를 축소해 만든 결과물 혹은 이상향을 실제화한 집이었다. 캐비닛이 새로운 세계의 진귀한 모든 것을 진열한 남성들의 지식 창고라면, 인형의 집은 여성의 취향과 안목을 진열한 전시장이었다. 즉 여성에게 수집은 낯선 세계에서 직접 발견하고 싶은 욕망의 간접 실현이었고, 인형의 집은 남성의 호기심 캐비닛의 여성 버전으로, 예술의 방이자 감상과 놀이의 방이었고, 경이의 방이자 지식의 방이었다. 인형의 집은 전 세계를 포용하는 공간으로서 집과 가정에 한정된 삶을 살았던 여성이 넓디넓은 세계를 만나고 싶은 욕망으로 만들어진 공간이기도 했다.

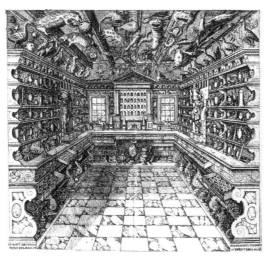

그림 39 프란체스코 칼졸라리, 〈프란체스코 칼졸라리의 호기심 캐비 닛〉(프란체스코 칼졸라리 박물관)

여성의 공간에서의 티타임

인형의 집은 새로운 사회의 주역으로 급부상한 시민계층의 계급성과 가정 지향성 그리고 그 시대의 라이프스타일과 문화를 볼 수 있다. 또한 인형의 집은 17세기 네덜란드 사람들이 어떻게 살았는지 보여준다. 17세기 집은 사생활을 보장하는 개인적인 공간이자 관계의 장이 펼쳐지는 곳이기도 했다. 따라서 이 시기 집을 꾸미는 인테리어 디자인이 본격적으로 상업화되었다. 편안한 소파, 서랍 책상 등이 제작되었고, 친츠, 도자기, 차 등 동양의 산품이 폭발적인 인기였다. 부유한 도시 중산층의 소비문화는 이전 시기와 완전히 다른 모습이었다.

17세기 인형의 집에서 여성과 관련한 공간은 이상적인 여성의 덕목인 청결과 육아를 재현한 공간이다. 산후 조리실은 아기를 낳은 산모의 방이다. 그곳에서 탄생한 아기와 건강한 산모를 축하하기 위해 찾아온 손님들

그림 40 페트로넬라 드누와 인형의 집의 산후 조리실(암스테르담 국립미술관)

과 기쁨을 나누기도 했다. 이를 위해 산후 조리실 한쪽에는 티세트를 준
비해 두기도 했다. 먼저 1층에 위치한 페트로넬라 드누와 인형의 집 산후
조리실을 보면, 침대에서 몸조리하는 산모, 아이를 안고 있는 유모, 산모
의 음식을 챙기는 보모 그리고 아기와 남편이 있다. 그 방에는 산모 침대,
아기 요람, 벽난로와 옷 바구니, 테이블과 의자 등이 배치되었고, 친츠와
병풍, 은기銀器, 도자기 등 화려한 장식품으로 꾸며졌다. 인도에서 수입한
친츠, 일본산 접이식 병풍, 중국의 청화백자 등 동방의 산품으로 가득하

그림 41 페트로넬라 오르트만 인형의 집의 산후 조리실과 산후 조리실의 티테이블(암스테르담 국립미술관)

17세기 네덜란드 회화 속 차문화_욕망의 산물, 차와 도자기

다. 린넨 시트, 쿠션에 수놓아진 페트로넬라 드누와의 이니셜 'PD'에서 인형의 집에 대한 그녀의 각별한 애정을 느낄 수 있다.

페트로넬라 오르트만 인형의 집 산후 조리실은 벽감에 커튼으로 장식한 산모 침대, 아기 요람, 방을 따뜻하게 데워줄 벽난로, 찬바람 막이 병풍, 모세의 출생과 성장 과정이 그려진 액자와 천장화, 손님맞이 티테이블과 의자, 거울 등이 배치되어 있다. 레이스 테이블보를 두른 티테이블은 벽난로 맞은편에 있다. 테이블에는 은제 포트^{pot}, 청화백자 다기^{tea ware}가 진열되어 있다. 다기는 티포트, 찻잔과 잔받침 6개, 버림그릇^{slop bowl}이다. 그 옆에 스토브가 장착된 티캐틀이 놓여진 나무 세공의 캐틀 스탠드가 있다. 방문한 손님들과 아기 탄생과 산모를 위한 찻자리가 파티처럼 치러졌다.

산후 조리실에서의 티파티는 18세기에도 이어졌다. 산후 조리실에서 아기 탄생을 축하하며 티파티를 하는 가족의 모습을 담고 있는 얀 요제프

그림 42 페트로넬라 데 라 쿠르트 인형의 집의 육아실(위트레흐트 중앙 박물관)

호레만스 II세의 장르화 〈쌍둥이 탄생을 축하하며 차를 마시는 가족〉이 이를 말해준다.

라 쿠르트 인형의 집 육아실은 드누와와 오르트만 인형의 집과는 달리 지하층 가운데 배치되어 있다. 좌측과 우측에는 식당과 정원이 있다. 침대 앞 테이블에는 쟁반에 청화백자 티포트와 찻잔이 놓여 있다. 육아실에서 차는 쉼표와 같은 음료가 아니었을까.

산후 조리실, 육아실에서도 보았듯이 인형의 집에는 다기가 자리하고 있다. 가족의 공간이자 손님맞이 공간인 응접실, 식당 역시 찻자리였다. 드누와의 인형의 집 응접실을 먼저 보자. 응접실은 산후 조리실 옆에 있다. 부와 유행의 전시장인 응접실의 벽난로 맞은편에 티테이블이 보인다. 티테이블에 진열된 다기를 자세히 볼 수는 없지만 캐틀 스탠드 위에 티케틀, 티테이블에는 자사호가 보인다. 응접실은 이야기를 나누는 가족실이자 손님을 맞이하는 객실로, 사교와 오락을 위한 다목적실이다. 상류층 저택의 응접실은 살롱과 같은 곳이었다. 페트로넬라 드누와의 인형의 집 응접실도 손님을 맞이하는 모습을 재현해 두었다. 다양한 지식과 정이 오가는 교류의 장, 그 자리에 동양에서 새롭게 유입된 차가 매개 역할을 했

그림 43 페트로넬라 드누와 인형의 집의 응접실과 응접실의 티테이블(암스테르담 국립미술관)

을 것이다.

오르트만의 응접실은 중심 테이블에 주사위 게임이 놓여 있다. 주사위 게임은 카드게임과 함께 많은 시민이 즐겼던 놀이다. 응접실 벽면 코너에 둔 접이식 테이블은 손님 접대용 테이블로, 티테이블로도 이용되었다. 식당은 응접실과 더불어 공적인 장소이다. 부유한 저택에 손님이 방문하면, 최고의 도자기로 세팅하여 차를 마시곤 했다. 식당 역시 티타임 장소로 이용되었음을 페트로넬라 드누와의 인형의 집을 보면 알 수 있다. 커다란 액자들로 둘러싸인 식당 정면에는 그릇장이 있고, 그 위에 청화백자가 가지런히 진열되어 있다. 촛대가 곳곳에 있고, 테이블에는 방문한 사람들과 와인을 마시는지 병과 잔이 놓여 있다. 오른쪽 모퉁이 보조 테이블에는 은제 티캐틀이 놓여 있다. 크기가 제법 큰 티캐틀이다.

페트로넬라 데 라 쿠르트 인형의 집 2층 캐노피가 드리워진 침실에도 다기가 보인다. 침대의 바로 앞 테이블에 청화백자 다기가 있고, 테이블을 가운데 두고 남녀가 마주하고 있다. 산후 조리실, 육아실, 응접실, 식당 등에 다기를 갖추어 놓은 것을 보면, 17세기 말쯤 부유한 도시 중산층

그림 44 페트로넬라 드누와 인형의 집의 식당(암스테르담 국립미술관)

의 많은 가정에서 차생활을 하고 있었음을 짐작할 수 있다. 다기는 청화백자와 자사, 은기 등으로, 동양의 다기와 네덜란드산 다기를 혼용해서 사용하고 있다.

네덜란드의 황금시대, 미니어처 도자기를 '인형의 식기'라 한다. 처음 인형의 집 식기는 네덜란드 동인도회사가 동양에서 수입도 했지만, 네덜란드 도공들이 만들기도 했다. 특히 18세기 이후 델프트에는 미니어처 장인과 미니어처 전문 도자회사가 있을 정도로 미니어처 도자기가 인기가 있었다.

17세기 네덜란드는 시민계층의 등장과 함께 '가정'에 대한 개념이 새롭게 정립되면서 가정에서 여성의 역할이 중요해졌다. 가정에서 아내이자 엄마, 즉 안주인은 한 가정의 문화와 분위기를 만들고 이끌었다. 17세기 인형의 집에서는 부유한 도시 중산층의 의식주, 취향 등 생활양식이 발견된다. 부유층 상인의 안주인이 만든 인형의 집에서, 여성들이 새롭게 유행하는 문화를 누리고 선도하고 있음이 느껴진다. 차문화도 그중 하나이다.

17세기 네덜란드 회화 속 차문화_욕망의 산물, 차와 도자기

마티아스 나이베우, 〈네덜란드의 애프터눈 티〉 (애킨슨 아트갤러리)

빌렘 반 데 벨데 Ⅱ, 〈암스테르담의 IJ 앞에 있는 코르넬리스 드 트롬프의 기함, '황금 사자'〉(암스테르담 국립 미술관)

위링 반 브레켈렌캄, 〈실내에 있는 가족〉(J. 폴 게티 미술관)

얀 호이겐 반 린스호텐, 『얀 호이겐 반 린스호텐
의 동인도 제도 항해기』 표지(예일대학교 베이
네케 희귀도서 및 원고 도서관)

아드리안 하엘웨그, 코르넬리스 본테코 초상화

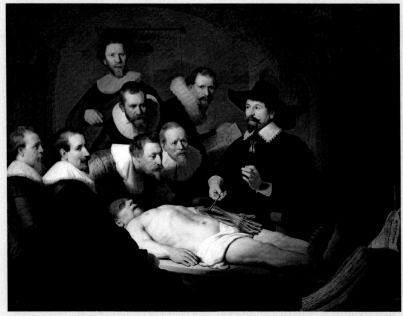

렘브란트, 〈니콜라스 튈프 박사의 해부학 강의〉(마우리츠하위스 미술관)

이싱 자사호(암스테르담 국립미술관)

아리 드 밀드, 붉은 차호, 델프트
(메트로폴리탄 미술관)

모리안슈프트, 티포트, 델프트
(암스테르담 국립미술관)

티포트, 델프트
(암스테르담 국립미술관)

카키에몬 티포트, 아리타
(암스테르담 국립미술관)

티포트, 델프트
(암스테르담 국립미술관)

일본 차통
(암스테르담 국립미술관)

그리크체 A, 차통, 델프트
(암스테르담 국립미술관)

메타일 포트, 차통, 델프트
(암스테르담 국립미술관)

은 차통
(암스테르담 국립미술관)

피터 게리츠 반 로에스트라텐, 〈차세트가 있는 정물〉(브리너 운트 케른 박물관)

얀 브로델렛, 〈정원에서 커피나 차를 마시는 남녀〉(암스테르담 국립미술관)

코르넬리스 뒤사르, 〈차 상인〉(암스테르담 국립미술관)

페트로넬라 드뇌와 인형의 집(암스테르담 국립미술관)

제 4 장

회화에 재현된 다구

회화에 재현된 다구

티테이블과 보조 테이블, 발난로

티테이블 tea table, 茶卓

17세기 후반 부유한 상류층 가정에서 기호음료로 차를 마시는 관행이 유행하였다. 홀로 그리고 가족과 마시기도 했고, 벗들과 오후에 사교적인 티타임을 하기도 했다. 티타임이라는 새로운 일상은 테이블에 상당한 변화를 주었다. 티테이블이라는 새로운 테이블이 생겨났고, 티테이블 위에 놓이는 다기들도 가정용품으로 새롭게 자리했다.

티타임은 사치와 과시의 자리이기도 했지만 편안함과 따뜻함을 추구하는 자리이기도 했다. 티타임에서 사적인 일상을 즐기고자 하는 이들이 많아지자 장식성과 실용성을 겸한 가구들이 출현했다. 그 대표적인 것이 티테이블과 보조 테이블이다. 먼저, 차를 위한 티테이블은 17세기 후반 제작되었다. 네덜란드인들은 검붉은 바탕에 이국적인 산수가 그려진 동양의 칠기에 열광했다. 그들이 이제까지 보지 못했던 아름다운 문양과 색채, 디자인이었기 때문이다. 이국적인 향취의 옻칠 테이블을 일상에서 사용할 수 있도록 새로운 타입의 테이블을 만들었다. 동서양의 퓨전가구 티테이블이다.

티테이블은 단층과 이층구조 형태로, 동양의 옻칠 테이블을 그대로 사용하기도 했지만 그들의 라이프스타일에 맞게 만들어 사용하기도 했다. 새로운 형태의 이층 구조 티테이블은 독특한 동양 장식의 칠기 테이블 아래에 비슷한 스타일을 덧붙여 만든 실용적인 티테이블이다. 동양에서 수입한 칠기 테이블은 상판에 주로 풍경화가 그려졌고, 둘레는 물결 장식으로 된 낮은 다리의 테이블이었다. 이 테이블을 입식생활에 맞게 다시 제작해, 그들이 새롭게 즐기게 된 여가문화인 티타임에 사용했다. 이와 같이 중국과 일본의 칠기장에 다리를 결합한 퓨전가구는 17세기 네덜란드에서 주로 만들어져서 네덜란드 양식이라 했다. 네덜란드의 퓨전 장식장은 영국, 프랑스 등 유럽 각국에서 가짜제품이 생산될 정도로 유행했다. 차가 17세기 후반 네덜란드의 새로운 기호품으로 부상하자 네덜란드 동인도회사는 티타임을 위한 다구들을 수입했고, 이 또한 네덜란드 양식으로 만들어 사용했다.

이층 구조의 티테이블은 로엘로프 코에츠 2세의 〈네덜란드 가족의 티타임〉의 그림에서 볼 수 있다. 티테이블의 실물은 영국의 햄하우스와 디럼저택에서 확인할 수 있다. 런던 리치먼드 남쪽 템스강가의 저택, 햄하우스에서 이층 구조의 티테이블을 먼저 살펴보자. 햄하우스는 17세기 타임캡슐이라 할 만큼 지금도 그 당시 부유한 상류층의 가정생활을 고스란히 간직하고 있다. 햄하우스는 윌리엄 머레이Willian Murray의 저택으로, 1672년 딸 엘리자베스가 1672년 로더데일 공작과 재혼한 후 최고의 명성을 누린 곳이다. 이 저택의 주인인 로더데일 부부는 17세기 영국의 정치, 문화예술에 중요한 영향력을 끼쳤다.

그림 1 햄하우스(내셔널 트러스트, CC BY-SA 4.0)

　로더데일 부부는 1673~1674년 건축가들에게 의뢰해 햄하우스를 최신 스타일로 증축했고, 실내장식을 새롭게 했다. 증축된 햄하우스는 방문객을 위한 호화로운 방을 갖추며, 집 크기가 거의 두 배로 늘어났다. 로더데일 부부의 햄하우스에는 그레이트 홀, 원형 갤러리, 예배당, 롱 갤러리, 초록 내실, 도서관, 여왕의 공간(대기실, 침실, 내실), 공작부인의 침실, 개인 내실, 하얀 내실, 식당 등이 갖추어졌고 정원도 아름다웠다. 저택의 그림, 가구, 태피스트리 등 실내장식은 로더데일 공작 부부의 권력과 영향력을 보여주듯 호화롭게 꾸몄다. 하얀 장식장, 칠기 장식장 등 많은 실내 장식품은 네덜란드에서 만들어졌다.

　햄하우스의 내실은 프라이버시와 오락을 위한 공간이다. 특히 개인 내실은 공작부인이 그녀의 가족과 가장 가까운 손님들을 초대하여 즐긴 가장 사적인 방이다. 가장 친밀해질 수 있는 공간인 개인 내실에는 티테이블이 자리하고 있다. 이곳에 비치된 공작부인의 티테이블은 로엘로프 코에츠 2세의 〈네덜란드 가족의 티타임〉의 티테이블과 거의 같다. 티테이블의 윗부분은 화려한 그림의 상판에 물결 모양의 둘레, 검붉은 옻칠과 금박 장식의 직사각형 탁자로, 아래에 6개의 다리가 이어졌다. 아랫부분은 6개의 꽈배기 다리에 공 모양 바닥을 곡선으로 잇고 있다. 자바에서 수입한 위 테이블과 아랫부분을 이어 만든 티테이블이다. 티테이블에는 장저우 다호와 찻잔이 놓여 있다. 영국에 차문화를 알린 캐서린 왕비가 햄하우스에 머물 정도로, 왕비와 친밀하게 지낸 로더데일 공작부인은 차를 즐겨 음용한 차인이었다. 찻자리가 구비된 공작부인의 개인 내실에 초대받는다는 것은 손님에게도 영광이었을 것이다.

그림 2 햄하우스, 공작부인의 개인 내실(CC BY-SA 4.0)과 티테이블(내셔널 트러스트)

개인 내실 외에도 공작부인의 휴식과 취미를 위한 공간인 하얀 내실, 초록 내실, 응접실 등도 차를 즐긴 공간이다. 특히 휴식과 여가, 사교를 위한 하얀 내실의 유리문은 체리정원과 연결되었다. 하얀 내실의 1679년 목록을 보면 은장식의 차를 위한 인도 화로가 기록되었다고 한다. 여기에서 인도는 아시아를 말한다. 차생활이 이제 막 시작된 때인 17세기 후반, 로더데일 공작부부는 네덜란드 양식의 가구를 갖추고 티타임을 즐겼다. 햄하우스에는 개인 내실과 하얀 내실 외에도 다구들이 곳곳에 구비되어 있다.

디럼저택은 영국의 북동부 사우스 글로스터셔에 위치한 바로크 양식의 컨트리하우스로, 지금은 내셔널 트러스트 소유이다. 고대 사슴공원에 자리한 디럼저택은 제임스 2세와 윌리엄 3세 시절 유능한 행정가이자 정치가인 윌리엄 블라스웨이트William Blathwayt의 저택이었다. 네덜란드에서 오랜 시간을 보냈던 윌리엄 블라스웨이트는 델프트 웨어를 수집하는 취미가 있었다. 그는 1686년 디럼저택의 주인인 존 윈터의 딸 메리 윈터와 재혼했다. 윌리엄 블라스웨이트는 영국의 햄프턴궁전과 네덜란드의 헤트루궁전을 모방한 저택과 정원을 건축하고, 네덜란드 장인의 가구와 도자기를 포함한 수많은 장식품으로 실내를 호화롭게 장식했다. 디럼저택은 17세기 영국에서 네덜란드의 장식예술의 전시장이 되었다.

네덜란드의 윌리엄공과 그의 아내 메리가 영국의 공동 왕으로 즉위하

그림 3 디럼파크와 저택(CC BY-SA 3.0)

자 영국의 귀족들 사이에서 네덜란드 문화가 유행했다. 네덜란드식 티테이블도 그중 하나이다. 디럼저택의 티테이블은 〈네덜란드 가족의 티타임〉처럼 화려하지는 않지만, 검붉은 옻칠과 정교한 세공이 거의 똑같다. 다만 디럼저택의 티테이블은 한 층을 덧대지 않고 동양에서 수입한 그대로를 사용했다. 티테이블의 높이는 84cm이다.

그림 4 디럼저택 발코니룸과 티테이블(내셔널 트러스트)

테이블이 아닌 쟁반에 다리를 만들어 티테이블로 사용하기도 했다. 르넬리아 반 말레Cornelia van Marle의 〈티 파티〉에 보이는 것으로, 빨간 옻칠 상판, 즉 티트레이에 화려한 다리를 붙인 티테이블이다.

새롭게 관습으로 자리한 티타임의 티테이블은 비교적 작은 크기다. 파피어 메시 테이블, 즉 접이식 테이블도 티테이블로 사용하였다. 파피어 메시 테이블은 오르트만의 인형의 집 응접실 한쪽 벽면에 접힌 채 세워져 있다. 이 테이블은 차를 마실 때 펼쳐 사용했다. 이 외에도 다양한 형태, 다양한 재질의 티테이블이 만들어졌다.

전용 티테이블이 없다면 응접실 테이블, 식탁 등에 티포트, 찻잔 등을 놓고 차를 마시기도 했다. 이때 테이블에 보褓를 덮은 후, 티트레이tea tray에 다기를 두고 차를 마시기도 했다. 당시 태피스트리 산업이 발전한 만큼, 기존의 테이블에 보를 덮고 차를 즐기기도 했다. 태피스트리 외에

그림 5 코르넬리아 반 말레, 〈티 파티〉(즈볼러 여성의 집 재단, CC BY-SA 4.0)

그림 6 페트로넬라 오르트만 인형의 집 응접실(암스테르담 국립미술관)과 파피어 메시 테이블

그림 7 피터 게리츠 반 로에스트라텐, 〈차세트가 있는 정물〉, 티트레이 상세부분(브리너 운트 케른 박물관)

도 화려한 색상의 기하학 문양의 튀르키예 카펫을 테이블보로도 사용하였다. 값비싼 튀르키예 카펫은 바닥에 깔지 않고 실내를 장식하기도 했다.

보조 티테이블side tea table과 티캐틀 스탠드tea kettle stand

정교한 조각과 귀한 재료로 만들어진 테이블은 부유한 도시 중산층의 상징이 되기도 했다. 식사뿐 아니라 게임, 차와 커피, 글을 쓰거나 책을 읽는 등 특정한 활동을 위한 테이블이 만들어졌다. 시대적 요구에 따라 전문적인 테이블, 작고 실용적인 테이블이 출현했다. 편안한 티타임을 위한 티테이블과 더불어 보조 티테이블도 제작되었다. 보조 티테이블은 많은 사람이 한 자리에서 티파티를 즐길 때 원활한 진행을 위해 마련되곤 했다. 그림 〈응접실 티테이블에 자리한 다정한 동료들〉을 보면, 보조 티테이블이 두 개 보인다. 티테이블에서 조금 떨어진 곳에 보조 티테이블이 카펫을 두르고 있다. 그곳에는 티타임이 원활하게 진행될 수 있도록 돕는 여성이 서 있다. 다른 하나는 티테이블 바로 옆, 찻자리를 진행하는 안주

그림 8 필립 타이드만, 〈응접실 티테이블에 자리한 다정한 동료들〉 보조 티테이블과 티캐틀 스탠드 상세부분(p. 117 참조)

인의 옆에 위치해 있다. 비교적 낮고 작은 보조 티테이블로, 삼각 다리 위에 심플한 상판 둘레를 화려한 세공의 조각으로 장식하고 있다.

보조 티테이블의 대부분은 티캐틀 스탠드이다. 티캐틀을 두는 티캐틀 전용 테이블로, 안주인의 옆에 둔다. 마티아스 나이베우의 〈네덜란드의 애프터눈 티〉는 야콥 크롬하우트 가족의 차생활을 그림으로 옮긴 장르화이다. 이 그림에서도 보조 티테이블인 티캐틀 스탠드가 발견된다. 원형 티테이블 옆과 안주인의 곁에 자리한 보조 티테이블은 티타임 전용 보조 티테이블이다. 티캐틀에 딱맞는 작은 받침대를 길고 가느다랗게 꼬인 다리와 삼각대가 받치고 있다. 티캐틀을 두는 받침대인 상판은 반듯하지 않고, 티캐틀 아래를 감싸는 디자인이다. 찻자리를 진행하는 안주인이 편하게 티타임을 진행할 수 있도록 높이를 맞춘 듯하다.

그림 9 마티아스 나이베우, 〈네덜란드의 애프터눈 티〉 티캐틀 스탠드 상세부분(p. 120 참조)

그림 10 코르넬리아 반 말레, 〈티 파티〉 티캐틀 스탠드 상세부분(p. 160 참조)

코르넬리아 반 말레의 〈티 파티〉에서 티캐틀 스탠드는 의자보다 훨씬 낮다. 티캐틀 스탠드는 티캐틀 밑면을 받치는 둥그런 받침이 2단으로 되어 있다. 이 티캐틀 스탠드는 금속으로 만들어진 듯하다.

차를 주제로 한 장르화 외에도 페트로넬라 드누와와 페트로넬라 오르트만의 인형의 집에도 보조 티테이블이 보인다. 드누와의 응접실과 오르트만의 산후 조리실 한쪽 벽면에 자리한 티테이블 옆에 티캐틀 스탠드가 있다. 드누와의 응접실 티캐틀 스탠드는 티캐틀과 같은 재질인 은이고, 오르트만의 산후 조리실 티캐틀 스탠드는 나무 재질이다.

특히 티캐틀 스탠드는 특정한 티캐틀에 맞춘 입체적 형태 외에도 직사각형, 팔각형, 원 등 다양한 형태의 상판으로 만들어졌다. 티타임이 부유한 이들이 즐기는 문화인 만큼 나무, 대리석, 금속, 은 등 다양한 재질로 화려하게 제작되었다.

나무상자의 한쪽 면이 열려 있고 그 속에 불피운 숯이나 석탄이 내장된 발난로는 따뜻한 온기가 빨리 그리고 오래 전해지도록 구멍이 있다. 발난로는 나무 외에 돌, 도자기, 금속으로도 만들어졌다. 발난로 위에 발을 올리면 발과 다리에 온기가 전해져 주로 여성들이 긴 치마나 코트 속에 두고 사용했다. 발난로는 17세기 네덜란드 어느 집에서나 구비하고 있는 가정의 필수품이었다. 겨울이 긴 네덜란드 외에도 독일 북부, 미국에서도 가정 생활용품이었다.

요하네스 페르미에르Johannes Vermeer의 〈우유를 따르는 여인〉을 보면, 우유를 따르고 있는 여인 뒤편에 발난로가 방치되어 있다. 발난로는 얀 스틴, 사무엘 반 호흐스트라텐, 가브리엘 메취, 코르넬리스 드 만 등 17세기 장르화가의 그림에서 어렵지 않게 찾을 수 있다.

발과 몸을 따뜻하게 데워주는 발난로는 개개인이 사용해서 '개인용 난로' 또는 이동이 쉬워 '휴대용 히터'라 불렀다. 1701년 상연된 희극 〈차에 푹 빠진 귀부인들〉을 보면, 티타임에서 안주인이 초대한 손님에게 가장

그림 11 요하네스 페르미에르, 〈우유를 따르는 여인〉, 발난로 상세부분(암스테르담 국립미술관)

그림 12 얀 스틴, 〈아픈 여인〉, 발난로 상세부분(보이만스 반 뵈닝겐 박물관)

먼저 발난로를 내어주고 있다.

오후 2시에서 3시 즈음 티파티에 초대받은 손님들이 오면, 안주인은
정중하게 손님을 맞이한다. 인사를 한 후, 티테이블로 안내한다. 손님
은 의자에 앉아 발난로 위에 발을 올려놓는다(겨울에도 여름에도 발난로를 사
용한다).

그림 13 발난로(암스테르담 국립미술관)

티캐틀, 티포트, 찻잔

17세기 도자기에서 동양의 신비로운 아름다움을 느낀 네덜란드인들은 주도적으로 사치품인 도자기를 수입했다. 17세기 후반에 이르자 네덜란드는 차 역시 문화상품으로 중국과 일본에서 들여왔다. 차를 위한 도자기 다기는 당시 새로운 이국적인 문화를 즐기는 이들에 의해 수입되었고 제작되었다. 다기는 실내를 꾸미는 장식품이자 티타임을 위한 실용기였고, 동양의 문화를 품고 있는 문화상품이자 고상한 취미생활의 재료였다.

동양에서 전해온 차생활에 대한 기록은 차를 즐기는 이들에게 교과서가 되었다. 동양 특히 중국의 찻자리를 모방하며 티캐틀, 티포트, 찻잔 등이 자리하기 시작했다. 처음에는 동양의 찻자리를 모방해 동양의 다기를 사용해 티타임을 즐겼지만 빠르게 그들 나름의 차생활을 즐겼다. 중국과 일본에서 온 티포트는 그들의 미감과 라이프 스타일에 맞게 장식을 더했고, 체인을 둘렀다. 그들은 어떻게 차를 마실 것인가에 대해 치열하게 고민한 듯하다. 찻자리에 티캐틀, 티포트, 찻잔, 차통, 버림그릇 외에 설탕기, 향신료통, 향신료 포트, 스푼 등이 자리했다. 중국과 일본에 주문생산하기도 했지만, 네덜란드에서도 직접 제작하였다. 특히 델프트의 도자기 제조업자들은 소비시장의 빠른 변화에 민감하게 대응하며 다기를 생산했다.

티캐틀 tea kettle, 湯罐

주전자는 주방에서 사용하는 도구였으나 차, 커피 등 뜨거운 음료를 마시기 시작하면서 실내로 들어왔다. 차를 주로 마시는 응접실이나 내실이 주방과 거리가 멀자 찻물을 위한 전용 주전자인 티캐틀이 찻자리에 자

그림 14 〈응접실 티테이블에 자리한 다정한 동료들〉(p. 117 참조), 〈네덜란드의 애프터눈 티〉(p. 120 참조), 〈티 파티〉(p. 160 참조)에서 티캐틀 부분

리했다.

일반적으로 은이나 금속으로 만들어진 티캐틀은 물을 끓이거나 끓인 물을 담는 용도였다. 티캐틀은 여러 차례 차를 마실 수 있도록 티포트보다 훨씬 컸다. 당시 티타임은 상류층의 문화였기 때문에 화려한 장식의 티캐틀이 만들어졌다. 티캐틀이 실내용품으로 자리하면서 티캐틀을 두는 보조 티테이블이 생겨났다. 티캐틀과 보조 티테이블이 한 세트인 제품도 만들어졌다. 〈응접실 티테이블에서의 다정한 동료들〉, 〈네덜란드의 애프터눈 티〉, 〈티 파티〉 등의 장르화에 티캐틀이 보인다.

스토브 stove 가 장착된 티캐틀이 만들어지기도 했다. 티캐틀 스토브는 물을 끓이고, 끓인 물의 온도를 유지하기 위해 티캐틀 아래 램프가 장착되었다. 차를 우리거나 찻물의 농도를 조절할 때 사용된 간편 티캐틀이었다. 페트로넬라 오르트만 인형의 집 산후 조리실에 티테이블 옆에 보인다. 티테이블 옆에는 티캐틀 스탠드가 있는데, 그 위에 스토브가 장착된 티캐틀이 있다. 티테이블에는 보온기도 보인다. 찻물의 농도를 조절하는 뜨거운 물이 담긴 커피언 coffee urn 혹은 티언 tea urn 이다. 스토브가 장착된

그림 15 (좌) 크리스티안 바렌버그, 스토브가 장착된 티캐틀과 티언. (우) 은제 티캐틀 스탠드와 티
캐틀(암스테르담 국립미술관)

티캐틀과 티언tea urn(커피언coffee urn)은 은세공 장인인 크리스티안 바렌버
그의 작품이다.

페트로넬라 오르트만과 페트로넬라 드누와의 인형의 집에는 은제 티
캐틀이 보인다. 페트로넬라 드누와의 응접실에 비치된 티테이블 옆 티캐
틀 스탠드 위에 은제 티캐틀이 놓여 있다. 은으로 만든 티캐틀은 부유함
을 보여주기 위한 좋은 소재였다. 무엇보다 미적으로도, 실용적인 면에서
도 은제는 티캐틀로서 좋은 소재이다. 은은 살균 능력이 뛰어나고, 독성
물질에 즉각적인 반응을 하는 재질이다. 은으로 만든 티캐틀로 물을 끓이
면 물맛이 순해진다. 그 끓인 물로 차를 우려 마시면 부드러운 차맛을 느
낄 수 있다. 아직은 낯선 향미의 차를 순하고 부드럽게 마시기에도, 그들
의 부를 자연스럽게 보여주기에도 좋은 소재의 티캐틀인 듯 싶다.

피터 게리츠 반 로에스트라텐Pieter Gerritsz van Roestraten은 바니타스적
정물화, 과시적 정물화를 주로 그렸다. 기물의 배치나 소품을 조금씩 달
리해 그린 정물화가 많다. 빌렘 칼프의 영향을 받은 그는 은제 촛대, 와인
디켄터, 티포트, 차통, 찻잔 등을 소재로 한 정물화를 주로 그렸다. 네덜

17세기 네덜란드 회화 속 차문화_욕망의 산물, 차와 도자기

그림 16 피터 게리츠 반 로에스트라텐, 〈자기, 은기 그리고 앵무새가 있는 정물〉, 티캐틀 상세부분
(빅토리아 앤 알버트 박물관)

란드 하를렘에서 프란스 할스에게 그림을 배운 그는 암스테르담에서 결혼 후 생활하다 1666년경 런던으로 이사한다. 런던에서 생을 마감했지만, 그의 화풍과 정물화의 소재는 훈계와 인생 교훈을 읽을 수 있는 바니타스적 소재, 즉 여전히 네덜란드의 화풍과 소재를 따랐다. 〈자기, 은기 그리고 앵무새가 있는 정물〉에는 스토브를 장착한 티캐틀이 보인다. 크리스티안 바렌버그의 작품인 스토브가 장착된 티캐틀과 디자인은 다르지만 같은 기능의 티캐틀이다. 이 티캐틀은 보조 티테이블이 없어도, 즉 티테이블에 두고 사용할 수 있는 다기이다.

티포트 tea pot, 茶壺

티타임에서 차를 우릴 때 반드시 필요한 다기는 티포트이다. 티포트는 가정에서 티타임을 위해, 그리고 가게와 행상들에게 차를 판매하기 위한 시음과 판매용으로 쓰였다. 그리고 티포트는 향신료나 허브를 우릴 때에도 쓰였다. 네덜란드인들이 가정에서 처음 차를 마셨던 17세기에는 중국이나 일본에서 수입한 티포트를 사용했다. 장식품으로도 손색이 없을 만큼 아름다운 티포트에 매료된 네덜란드인들은 동양의 티포트와 같은 다기를 만들고자 했다. 그들은 델프트에서 청화백자 티포트, 자사호 등 동양의 티포트를 닮은 모방품을 만들었다. 특히 중국의 티포트의 형태, 색상, 문양 등 거의 모든 부분을 모방했다. 중국적인 문양을 그렸던 델프트 티포트는 점차 화초, 건축물, 인물 등 그들 주변의 모습을 그렸다. 이렇듯 델프트는 티포트에 빠르게 그들의 미감과 감성을 채워 넣었다.

티포트는 실용기이자 장식품이었다. 티포트는 채색자기나 자사호 자체도 아름답지만 청동 혹은 은제, 보석 등을 덧붙여 장식함으로써 더 화려하고 고급스러운 티포트가 되었다. 특히 체인을 한 티포트가 많았다. 티포트의 체인은 고가의 동양 도자기 보호와 먼지를 막는 장치였고, 아름다움을 돋보이기 위한 장신구였다. 티포트의 체인을 '네덜란드 은제 마운트Dutch Silver—Gilt Mounts' 혹은 '유럽 금속제 마운트European Gilt Metal Mounts'라 칭했다.

청화백자와 채색자기 티포트

부유한 도시 중산층에게 티타임은 풍요와 여유였다. 티타임을 소비하는 행위를 통해 부유한 도시 중산층들은 그들만의 정체성을 형성했고 신분을 과시했다.

1613년 네덜란드로 돌아가던 중 침몰한 네덜란드 동인도회사의 선박, 백사자Witte Leeuw 호에는 귀중한 향신료와 명 만력제 시기 청화백자가 실려 있었다. 크락자기인 청화백자 중에는 상파형上把型 주자酒子도 있었다. 무사히 귀환한 동인도회사의 선박에 실린 상파형 주자는 티타임에 쓰였다.

점차 차를 음용하자, 주자보다 작은 크기의 청화백자 티포트가 수입되었다. 1637년 네덜란드 동인도회사의 총독이 인도네시아 바타비아의 상

그림 17 네덜란드 동인도회사 난파 무역선 백사자호의 도자기와 주자(암스테르담 국립미술관)

관장에게 보낸 편지에서 티포트를 주문한 내용을 찾을 수 있다.

사람들이 차를 마시기 시작했습니다. 일본차뿐 아니라 중국의 티포트도
구입해 보내 주시기 바랍니다.

차를 음용하기 시작하자 차를 우리는 전용 포트, 즉 티포트가 필요했
다. 동양에서 수입된 티포트는 청화백자 티포트와 자사호가 주를 이루었
다. 코르넬리아 반 말레의 〈티 파티〉, 피터 게리츠 반 로에스트라텐의 〈티
포트, 생강항아리, 노예 촛대가 있는 정물〉 등 17세기 그림에 청화백자 티
포트가 보인다. 동양에서 수입한 다기 중에는 동양의 티포트가 주를 이루
지만, 유럽인들의 취향이 반영된 문양이 그려진 다기도 제작되었다. 유럽의
범선이 항해하는 바다 풍경이 팔각형의 표면에 그려진 티포트가 그 예이다.
일본은 청화백자 외에도 특유의 채색자기를 생산해 유럽에 공급했다.

그림 18 바다 풍경을 담은 팔각형 티포트, 이마리
(암스테르담 국립미술관)

그림 19 (좌) 카키에몬 티포트, 아리타(암스테르담 국립미술관), (우) 네덜란드 마운트가 달린 일본 카키
에몬 티포트, 아리타(영국박물관)

고쿠타니, 나베시마, 카키에몬, 긴란데 등 일본의 채색자기는 네덜란드를
비롯한 유럽에서 사랑받았다. 그중 유럽인의 사랑을 많이 받은 양식은 화
려한 카키에몬 양식의 티포트다.

그림 19의 티포트는 17세기 후반에 유럽에 수출한 카키에몬 양식으로,
청화백자와는 다른 화사한 느낌의 티포트이다. 첫 번째 티포트는 멜론형
으로 괴석 위에 화초와 나비 등이 차호에 사랑스럽게 연출되었다. 두 번
째 티포트는 네덜란드 꽃과 줄기를 모티브로 한 디자인이다. 일본 아리타

의 카키에몬 티포트가 유럽에 와서 티포트의 덮개와 손잡이에 금속 마운트가 추가되었다. 티포트의 덮개 봉과 손잡이에는 동물기형의 장식이 있다. 티포트의 덮개에서 손잡이 장식까지 마운트가 연결되어 있어 장식성과 실용성을 높였다.

카키에몬 양식은 이전의 자기보다 더 작은 크기의 도자기를 제작했다. 온화한 상아빛 백자, 투명한 유약, 붉은색을 주조로 그린 독특한 디자인, 도자기 이가 빠지는 것을 방지하는 갈색 도금의 테두리 등 카키에몬 양식은 기존과 다른 모습이었다. 카키에몬 양식의 다기가 유럽인들의 사랑을 받자, 이를 모방한 델프트, 마이센 등 유럽의 도자 회사들이 점차 많아졌다. 특히 1708년 독일의 마이센에서 유럽 최초로 백자가 만들어진 이후, 1710년 도자기공장을 설립해 본격적으로 유럽식 다기가 제작되었다.

모리안슈프트 Het Moriaanshooft, 그리크체 A De Grieksche A, 메타일 포트 De Metaale Pot 등 델프트의 도자기 회사에서 티포트가 만들어졌다. 델프트에서 1670~1680년경부터 티포트를 생산하기 시작했는데, 청화백자, 채색자기, 자사호 등 중국과 일본의 티포트를 모방했다. 그리고 델프트에서는 다양한 형태와 디자인, 문양을 섞어 만들기도 했다. 모리안슈프트 도자회사의 호페스테인 티포트는 상파형의 높은 손잡이는 청 강희연간의 청화백자 호壺를, 육각형 몸체는 이싱 자사호의 육방제량호 六方提梁壺 를 모방했다. 티포트는 유백색 표면에 세룰리안 블루로 우아하게 화초를 그렸다. 델프트의 모리안슈프트에서는 징더전의 청화백자호와 이싱 자사의 육방제량호를 혼합한 형태의 채색 티포트도 만들었다. 네덜란드의 미감을 더한 티포트는 이후 더욱 많이 만들어졌다. 대중의 취향에 따른 티포트는 물론이고 예술적이고 혁신적인 디자인의 티포트가 생산되었다. 델프트의 티포트는 도기여서 열이 쉽게 전달되고 높은 온도에 금이 쉽게 가고 깨지

그림 20 모리안슈프트, 티포트, 델프트(암스테르담 국립미술관)

그림 21 (좌) 메타일 포트, 티포트, 델프트(암스테르담 국립미술관), (우) 티포트, 델프트(네덜란드 도기, 암스테르담 국립미술관)

기 쉬워 티포트로서는 최상의 재료는 아니었지만, 당시 네덜란드에서 큰 사랑을 받았다. 영국 역시 차를 음용하게 되면서 네덜란드 델프트의 티포트가 수출되었다.

자사호紫砂壺, Yixing red stoneware Teapot, redware teapot

중국 명대明代(1368~1644)에 음다법이 바뀌며 다기로 자리한 자사호는 청화백자 다기와 함께 곧 유행하게 된다. 명대 주고기周高起 는 『양선명호계 陽羨茗茶壺系』에서 차는 명대 이르자 빻아 만들거나 향약과 조합한 병차를 만들지 않는다. 이는 이미 먼 옛일이 되었다. 근 100년 동안 호는 은, 주석, 복건성과 하남성의 자기를 물리치고 의흥의 도기를 숭상했다. (중략) 본산山上의 자사를 취하면 참된 차의 색과 향과 맛을 낼 수 있다.

이어李漁는『한정우기閒情偶寄』에서 "차는 자사紫砂보다 좋은 것은 없다. 호의 정예는 양선陽羨이다"라고 하였고, 문진형文震亨도『장물지長物志』에서 "호는 자사紫砂가 최상이다. 차의 향기를 보존하고 숙탕熟湯의 기가 없기 때문이다"라고 했다. 차의 진미眞味를 최대한 끌어내는 자사호의 기능적인 면이 차인들에게 인정받았다.

명대 정덕연간正德年間(1505~1521) 이후, 사가四家; 董翰, 趙梁, 元暢, 時朋와 삼대三大; 時大彬, 李仲芳, 徐友泉, 혜맹신惠孟臣 등이 출현하며 뛰어난 자사호가 제작되었다. 자사호의 명인들은 시대상과 음다 풍습을 반영하고 예술성을 부가하며, 실용적이면서도 예술적인 조형의 자사호를 만들었다. 무엇보다 자사호 명인들은 자사호의 사용자인 문인들과 교류하며 그들의 취향에 맞게 조형했다. 자사호는 곧 강남 사대부 문인들의 차에 대한 깊은 애정의 결과물이었다. 자사호는 문인들의 생각과 시문·서화, 인印 등의 예술적 취향의 결합물이었다. 자사호는 감상을 위한 예술품으로도 사랑받았다. 자사호는 문인아사文人雅士의 미적 취향과 맞아떨어지며 애정하는 동반자가 되었다. 자사호는 청대에 이르자 황제부터 시인묵객들까지 폭넓게 애호하며 다양한 기법과 형태, 독특한 예술장식으로 다채로워졌다. 자사호는 예스럽고 소박하게, 부귀하고 화려하게, 담담하고 우아하게 시대의 취향과 심미성을 드러내며 다기로서 확고하게 자리했다.

만력연간 이후 큰 차호에서 작은 차호로 선호가 점차 바뀌었다. 자사호의 조형 변화는 차의 향미를 온전히 느끼고 싶은 애다인愛茶人들의 음 다방식에 의해 이루어졌다. 특히 공부차속工夫茶俗 (푸젠성, 광둥성에서 우롱차를 정성스럽게 예법에 따라 행다례하는 풍속)이 푸젠성과 광둥성의 연해에서 유행하 면서 자사호는 소호小壺와 청화백자 잔이 자리했다. 이때 공부차의 자사 호는 용량이 크지 않고 적당해야 하고(小), 호가 작고 깊지 않아야 하며(淺), 자사호의 손잡이, 출수구가 수평을 이루어야 하고(齊), 오래된 것일수록 귀하게 여겼다(老). 소小, 천淺, 제齊, 로老가 공부차를 위한 자사호의 기 준이 되었다. 중국의 남동연해 지역과 무역한 네덜란드를 비롯한 유럽 여 러 나라들은 이에 영향을 받아 차를 우리기 위한 다기로 작은 크기의 자 사호를 구입했다. 17세기 중후반 네덜란드 동인도회사가 본국으로 실어 온 자사호는 곧 인기를 얻었다. 마티아스 나이베우의 〈네덜란드의 애프터 눈 티〉, 로엘로프 코에츠 2세의 〈네덜란드 가족의 티타임〉 등 티타임을 주 제로 한 장르화에 자사호가 보인다.

그림 22 마티아스 나이베우의, 〈네덜란드의 애프터눈 티〉의 자사호 상
세부분(p. 120 참조)

피터 게리츠 반 로에스트라텐은 〈차세트가 있는 정물〉, 〈은제 와인 디 켄터, 튤립, 이싱 자사호 그리고 지구본이 있는 정물〉, 〈중국 찻잔이 있는

그림 23 (좌) 피터 게리츠 반 로에스트라텐, 〈차세트가 있는 정물〉 자사호 상세부분(p. 160 참조), (우) 티포트, 델프트(암스테르담 국립미술관)

정물〉, 〈초콜릿컵이 있는 정물〉 등 많은 정물화에 자사호를 소재로 했다. 그중 〈차세트가 있는 정물〉의 자사호를 보면, 고호古壺의 기본형인 이형호梨型壺이다. 이형호의 뚜껑 부분에 어린 왕자 호박인형을 붙이고 체인을 달고 있다. 자사호가 당시 사치품이었음을 짐작할 수 있는 장식이다. 호의 몸통에는 절지매화折枝梅花가 장식되어 고아한 세련미를 뽐내고 있다. 절지매화문호折枝梅花纹壺는 명대 만력연간 말기부터 청대 강희연간이 최전성기였다. 절지매화 문양의 다기는 네덜란드 동인도회사에 의해 유럽에 수출되며 시누아즈리 열풍의 한 축을 담당했다. 절지매화가 첩화된 자사호는 17세기 네덜란드 델프트에서도 모방 제작되었다.

피터 게리츠 반 로에스트라텐의 정물화의 자사호 중에는 이형호도 많지만, 주니 육방호朱泥 六方壺도 많다. 〈두 개의 찻잔이 있는 정물〉, 〈(테이블보가) 부분 깔린 선반 위의 이싱 자사호와 중국 도자기 찻잔이 있는 정물〉, 〈바이올린, 이싱 자사호, 은시계 및 기타 물건이 있는 정물〉 등이 그 예이다.

제4장 회화에 재현된 다구

그림 24 시대빈 육방호(명대 만력년간, 북경 고궁박물관)   **그림 25** 티포트, 델프트(메트로폴리탄 미술관)

주니 육방호는 몸통과 뚜껑, 굽 부분이 육각과 육면으로 되어 있어 조형미가 뛰어난 자사호이다. 명대 시대빈은 차와 시를 좋아하는 문인들과 교류하며 담박하고 고상한 자사호, 작은 크기의 자사호를 만들었는데 육방호도 그중 하나이다. 주니 육방소호六方小壺 는 시대빈의 영향을 받은 자사호로 보인다. 어깨 부분에서 육방으로 시작된 몸체는 볼록한 곡선의 미려함을 갖추며 내려오다 호 밑의 굽 부분에서 다시 육각으로 잡아주고 있다. 호의 뚜껑은 어느 방면으로 닫아도 완벽하게 밀착된 잘 만들어진 자사호이다. 다만 정물화에 출수구와 손잡이가 자세히 보이지 않고, 몸통의 문양 또한 알아보기 힘들어 아쉽다. 이 자사호 역시 찻물이 나오는 부리에서 뚜껑의 꼭지 부분으로 체인이 이어져 있는 것으로 보아 손잡이까지도 이어졌을 것이다. 육방호를 닮은 티포트 역시 17세기 후반 이후 델프트에서 만들어졌다.

차의 수요가 많아지면서 네덜란드 도공들은 이싱의 자사호를 모방하기 시작했다. 특히 델프트의 도공들은 이싱 자사호를 스타일리시하게 모방하고자 했다. 자사호와 비슷하게 만들기 위해 델프트에서는 치밀하고 정제된 황토로 도기보다 더 높은 온도에서 소성했다. 델프트의 도공들은 색상과 경도가 이싱의 자사호와 비슷하기 위해 노력했다. 이싱 자사호와 비슷한 형태로 만든 후, 그들만의 미감으로 디자인했다. 1678년 하를렘

신문에는 네덜란드에서 제작한 붉은색 티포트가 이싱의 자사호와 경쟁할 만하다고 광고할 만큼 네덜란드 도공들은 기능과 예술 면에서 자신감을 드러냈다. 하지만 태토부터 달라, 티포트의 기능 면에서 많이 부족했다.

아리 드 밀드Ary de Milde, 야코부스 드 칼루베Jacobus de Caluwe 등이 델프트에서 이싱의 자사호를 모방한 대표적인 도공이다. 특히 '미스터 티포트 제조자Mr. Teapot maker'라 불린 아리 드 밀드의 붉은 석기 티포트는 도자기 표면의 작은 꽃가지와 티포트 바닥에 제조사의 마크가 찍힌 특징적인 모습을 보였다. 마크는 경쟁사와 구별하기 위함이었다. 칼루베는 크락자기처럼 점선으로 창을 만들고, 그 속에 작은 꽃무늬를 첩화貼花했으며, 자사호 홍니紅泥를 닮은 밝은 오렌지 레드 등 그만의 특징적인 티포트를 만들었다.

그림 26 아리 드 밀드, 붉은 차호, 델프트(메트로폴리탄 미술관)와 '아리 드 밀드' 브랜드 마크

찻잔

네덜란드인들은 진, 에일 등 알코올 음료를 마실 때 주로 금속, 유리 등으로 만든 잔을 사용했다. 이는 차, 커피 등과 같은 뜨거운 음료를 마시

는 데는 적절치 않았다. 중국과 일본의 찻잔처럼 보온성과 내열성이 뛰어난 도자기가 뜨거운 음료에 적절했다. 특히 중국에서 찻잔이 많이 수입되었음이 네덜란드 동인도회사의 기록에 보인다. 기록을 보면, 1637년에는 찻잔 25,000개, 1644년에는 둥근 찻잔 60,000여 개, 팔각형 찻사발은 14,000여 개 등 중국 다기를 주문한 기록이 있다. 찻잔 외에도 티타임을 위한 티포트, 티테이블, 차 쟁반 등도 있었다.

그림 27 청화백자 찻잔, 중국 징더전(암스테르담 국립미술관)

수입한 중국의 찻잔은 주로 작은 청화백자 잔이었다. 중국에서는 명대에 이르자 찻잔에 큰 변화가 나타났다. 도륭屠隆『고반여사考槃餘事』에서 "선묘宣廟(1426~1435) 때 만든 찻잔 중에 재질이 정교하고 모양이 우아하고 몸체가 두꺼워 잘 식지 않으며, 옥과 같이 밝고 깨끗해 차의 빛깔을 시험해 볼 수 있어 가장 중요하다. 채군모蔡君謨가 건안의 잔建盞을 사용했는데, 붉은빛을 띤 흑색의 잔으로, 사용하기에 적합하지 않다고 생각한다"고 말했다. 허차서許次紓는『다소茶疏』에서 "지금은 순백색이 좋다"고 했다. 장원張源은『다록茶錄』에서 역시 "찻잔은 눈처럼 흰색이 상품이고 푸른색이 섞이면 차의 빛깔에 손상을 주지는 않지만 그것보다 못하다"고 했

17세기 네덜란드 회화 속 차문화_욕망의 산물, 차와 도자기

다. 명대에 잎차 녹차가 음용되면서 바뀐 변화이다.

이삭 소로 Isaak Soreau 의 〈중국 찻잔 Bowl 과 꽃병이 있는 정물〉은 포도를 비롯한 다양한 계절의 과일과 꽃이 바구니와 도자기, 유리병에 가득 담긴 정물화이다. 찻잔 琓은 크락양식의 청화백자이다. 크고 작은 창이 번갈아 구획되어 있고 그 안에 화훼문과 초화문, 그리고 'I' 문양이 그려져 있는 사발과 찻잔은 외곽 둘레 역시 크고 작은 창이 교대로 배치된 문양이다. 작은 창 안에는 능화형 菱花形, 그 속에 화문 花紋 이 있다. 산딸기가 가득 담긴 도자기는 본래 티타임에서 차를 마시는 찻잔이다.

그림 28 이삭 소로, 〈중국 찻잔과 꽃병이 있는 정물〉, 중국 찻잔 상세부분(월터스 미술관)

피터 게리츠 반 로에스트라텐의 〈초콜릿컵이 있는 정물〉은 〈티 파티의 사랑스러운 티푸드 접시〉라는 별칭이 있다. 이 정물화에서는 청화백자 잔이 초콜릿 컵으로 이름하고 있지만, 〈찻잔이 있는 정물〉에서는 찻잔으로 이름하고 있다. 차, 커피, 초콜릿이 유럽에 유입되어 음용하기 시작한 17세기에는 잔을 함께 쓰기도 했음을 정물화의 제목에서도 알 수 있다. 바깥과 안쪽 모두 청화로 그림 그려진 찻잔과 잔받침이 각 5개가 찻잔 세트를 이루고 있다.

그림 29 피터 게리츠 반 로에스트라텐, 〈초콜릿컵이 있는 정물〉, 찻잔 상세부분

〈중국 찻잔이 있는 정물〉은 티테이블 위에 자사호, 찻잔 5개, 화려한 단지와 스푼, 그리고 설탕 덩어리가 배치된 정물화이다. 청화백자 찻잔이 제각기 놓여 있는데, 붉은 찻물이 가득 담긴 것으로 보아 발효차인 듯하다. 이 찻잔은 〈차세트가 있는 정물〉에도 보인다. 정물화를 보면, 당시 티타임에서 가장 기본적인 다기는 티케틀과 티포트, 찻잔과 차통인 듯하다. 잔받침은 찻잔에 받친 정물화도 있지만, 〈중국 찻잔이 있는 정물〉과 〈차세트가 있는 정물〉처럼 없는 것도 있다. 티타임에서 잔받침은 반드시 필요한 용품은 아닌 듯 보인다. 청화백자 찻잔을 보면, 내면 중심에 넝쿨 문양과 외면 가득 넝쿨 문양이 둘러져 있다. 식물 모티브와 줄기 등으로 이루어진 식물 문양에는 고대 그리스와 로마, 이슬람, 중국의 예술문화가 스며있다. 오래토록 사랑 받아온 식물문은 한국과 일본 그리고 유럽에까지 이어지게 된다.

한편 중국에서 청화백자, 오채, 백자 등의 찻잔이 수입되었다. 백자는 더화요로, 더화요는 유럽에서 백자의 어머니로 알려졌다. 관음보살상, 화로, 합盒, 주자酒子, 주배酒杯 등 다양한 더화요가 유럽에 수입되었다. 그중 주배, 즉 술잔은 수두배樹頭杯로 많이 제작되었는데, 유럽에서는 찻잔

그림 30 피터 게리츠 반 로에스트라텐, 〈중국 찻잔이 있는 정물〉, 찻잔 상세부분(베를린국립회화관)

으로도 사용되었다. 아래는 작고 위는 크며 타원형으로 고목의 수두樹頭
를 닮았다고 하여 수두배라 칭했다. 수두배의 몸체에는 대체로 나뭇가지
의 매화, 사슴, 학 등 상서로운 문양이 부조로 장식되었는데, 몸체에 아름
다운 매화가 있는 수두배는 '매화배梅花杯'라고도 부른다. 더화요는 투과
도가 매우 좋아 부조로 장식된 문양을 빛에 비춰보면 더욱 아름답다. 네

그림 31 더화요 수두배(광둥성박물관)

그림 32 (좌) 메타일 포트, 찻잔, 델프트, (우) 찻잔(암스테르담 국립미술관)

덜란드에서도 중국과 일본의 찻잔의 기형과 문양을 모방한 찻잔이 만들어졌다.

차통, 설탕기, 향신료통

차통Tea Canister, Tea Caddy

차를 보관하는 차통은 도자기, 은기 등으로 만든 용기이다. 고가의 차를 보관하는 통인 차통은 응접실이나 내실용품이었다. 응접실이나 내실에서 잘 어울릴 수 있도록 화려한 장식의 차통이 주로 사용되었다. 차통을 두는 곳은 곧 티타임을 즐길 수 있는 공간이기도 했다.

차통은 일본과 중국에서 전해온 기록을 통해서 비교적 자주 접했다. 특히 일본에서 차를 보관하는 통을 귀하게 여기는 모습은 그들이 보기에 신비로울 정도였다. 이러한 영향을 받아 차통은 더욱 응접실이나 내실용품이 되었는지 모른다.

1650~1660년대 바타비아, 말라카, 실론 등 동인도에서 목회를 한 네덜란드의 목사, 필리푸스 발드레우스Philippus Baldreus는 차통의 중요성에 대해 말했다. 17세기 동인도에 거주하는 네덜란드인들의 생활에 차가 자리하고 있었다. 그는 여린 찻잎을 끓인 물에 우리면 찻잎이 풀어지며 달콤한 향이 난다고 했다. 신선한 찻잎에서 느낄 수 있는 달콤한 향미, 푸른빛의 차와 찻잎 등을 느끼려면 차 보관이 중요하다고 강조하면서 완전하게 건조된 찻잎을 제대로 보관하려면 백납병이 가장 좋다고 추천했다. 그 이유는 찻잎은 습기와 열에 약해 신선도와 색향미가 쉽게 떨어질 수 있기 때문으로, 밀봉이 중요하다고 조언했다. 마르티노 마르티니 역시 차 보관의 중요성을 말하며, 신선한 차의 오랜 보존을 위해 주석 차통을 추천했

일본 차통

그리크체 A, 차통, 델프트

메타일 포트, 차통, 델프트

은 차통

그림 33 17세기 **차통**(암스테르담 국립미술관)

다. 그리고 그는 차통을 자주 열면 차맛이 변할 수 있으므로, 큰 차통보다
는 작은 차통을 추천했다.

린스호텐, 필리푸스 발드레우스 등 아시아에서 전해온 차에 관한 소식
은 네덜란드에서 음다풍속이 자리하는 데 중요한 역할을 했다. 추천했던

그림 34 생강단지, 이마리(암스테르담 국립미술관)

작은 차통은 티타임 시 티테이블에 자리했다. 처음엔 청화백자나 채색자기, 자사, 루손 항아리 Rusun jars 등 동양의 차통을 사용했지만, 17세기 말이 되면서 델프트의 차통을 비롯해 네덜란드산 차통이 생산되어 이를 사용했다. 청화, 자사 등 델프트의 다양한 차통 외에도 은 차통이 만들어졌다. 로엘로프 코헤츠 2세의 〈네덜란드 가족의 티타임〉에도 블랙 델프트 차통이 보인다.

17세기 네덜란드에서는 생강단지 ginger jar 혹은 그와 비슷한 형태의 단지가 차통으로도 사용되었다.

설탕기 sugar bowl

백색 금 White Gold 이라 불리는 사탕수수는 인도와 남태평양에서 처음 재배되었다. 사탕수수 재배와 제조는 이슬람 세계로 확산되었다. 설탕이 유럽에 전파된 데에는 이슬람제국의 역할이 크다. 십자군전쟁이 시작되면서 유럽인들에게 설탕의 존재가 알려지기 시작했다. 고결함이 느껴지

그림 35 사탕수수 방앗간(빌렘 피소, 『브라질 의학』 중)

는 하얀 설탕을 처음 맛본 유럽인들은 꿀과는 다른 은은한 단맛과 형상에 놀랐다. 크리스토퍼 콜럼버스가 아메리카대륙을 두 번째 항해할 때 카리브해에 사탕수수 묘목을 이식하여 서인도제도 주변에서 유럽인에 의한 사탕수수 재배가 시작되었다. 포르투갈을 비롯해 네덜란드, 영국 등 유럽 열강들은 서인도와 아메리카 열대지역에서 설탕을 대량 생산했다. 네덜란드는 1635년 이후 카리브해 섬에서 사탕수수를 재배했다. 17세기 네덜란드는 브라질, 쿠라사오, 바베이도스, 수리남 등 아메리카대륙에서 설탕산업에 적극 관여했다. 이후 설탕은 세계상품이 되었고, 설탕산업은 세계경제의 주요 부분으로 자리했다.

　16세기 안트베르펜은 유럽의 대표 설탕 정제와 유통의 중심지였다. 스페인이 안트베르펜을 점령하자 암스테르담은 네덜란드의 새로운 경제 중심지가 되었다. 설탕 정제업은 17세기 암스테르담의 주요 산업이었다. 1660년대 50~60개의 설탕 정제소가 있던 암스테르담은 유럽에서 소비되는 정제 설탕의 절반 이상을 공급했다. 설탕 정제는 대부분 소비지인 유럽에서 행해졌다. 설탕이 중요상품이 된 데에는 네덜란드를 비롯한 유럽

그림 36 얀 라이켄, 「제과점」(암스테르담 국립미술관)

인들의 식습관에 일어난 커다란 변화가 한몫했다. 그들은 차, 커피, 초콜 릿 등의 기호품과 잼 등 달콤한 음식을 즐겨 먹기 시작했다.

16세기 종교개혁 당시, 꿀의 공급처인 수도원이 개혁 대상이 되면서 꿀 공급이 급격하게 줄어든 반면, 설탕 산업이 아메리카대륙에서 이루어 지며 전례없는 수요를 창출했다. 원활한 설탕 공급으로 유럽에서 사용량 이 전례없이 늘어났다. 설탕은 식품보다는 귀한 의약품이자 향신료로, 자 신의 부를 과시하는 사치품이었다. 또한 감기, 열병, 설사, 우울증, 위장 병, 결핵 등의 증세에 효과 있다는 만병통치약이었다.

17세기에 이르자 약으로 사용했던 설탕은 꿀의 대체재로서, 부유한 도 시 중산층에게 향신료처럼 고급스러운 조미료로 테이블에 자리했다. 설 탕은 꿀보다 훨씬 다양하게 활용되었다. 설탕은 성대한 의식의 식탁을 화 려하게 장식한 센터피스이기도 했다. 꿀보다 은은한 맛으로 당시 유럽에 전해진 차, 커피, 초콜릿 등 새로운 기호품의 동반자가 되었다.

설탕을 언제부터 차에 넣어 음용하게 되었을까? 유럽인들이 차에 설탕을 넣어 마신 기록은 생각보다 이르다. 『차 이야기』의 저자 조지 반 드리엠은 1627~1631년 바타비아에서 의사로 근무한 야코부스 본티우스의 기록을 인용하여 인도네시아 자바의 부유한 중국인들이 대대로 설탕을 넣어 차를 마시기도 했다고 기록하고 있다. 저명한 의사 니콜라스 튈프도 일부 중국인들이 차에 설탕을 첨가한다고 밝혔다.

거의 비슷한 시기 다른 유럽인들의 기록에도 동양인이 차에 설탕을 넣어 마신다는 내용이 있다. 1654년 알렉상드르 드 로즈는 『알렉상드르 드 로즈 신부의 중국과 동방 왕국의 여행과 선교 사명』에서 중국의 잎차와 일본의 가루차 음용법을 설명하면서 일부 사람들이 차의 쓴맛을 상쇄하기 위해 설탕을 약간 첨가한다고 기록했다. 1673~1676년 네덜란드 동인도회사에서 근무한 의사이자 식물학자인 빌렘 텐 라이너 Willem ten Rhijne 는 유럽인들이 중국인들을 통해 차에 설탕을 넣는 것을 알게 됐지만, 대부분의 중국인들은 차에 설탕을 넣지 않는다고 했다. 네덜란드의 의사인 빌렘 텐 르젠느 Willem ten Rhzenne 는 차에 설탕을 넣어 마시는 것은 아시아에 머문 서양인들에 의해 비롯되었다고 했다. 아시아에서 때때로 쓴 차에 설탕을 넣어 마셨던 관행이 유럽인들에게 전해진 것으로 보인다.

열렬한 차 애찬론자, 코리넬리스 덱커는 1679년 팸플릿에 차와 함께 설탕을 마시지 말라고 경고한다. 그는 차에 설탕을 첨가하면 맛이 손상되고 효능 또한 감소된다고 주장했다. 이를 보면, 차가 유입된 17세기부터 네덜란드에서는 차에 설탕을 넣어 마셨음을 알 수 있다. 필리푸스 발드레우스 목사는 실론과 동인도제도의 일부 네덜란드인들이 바위 설탕을 물며 차를 마시는 모습을 보고 개탄했다. 절제된 생활을 해야 하는 이들이 설탕에 탐닉하는 모습이 그를 격노케 했다. 그는 차는 건강과 각성을 위해 마시는 것이라고 밝혔다.

네덜란드에서 차가 기호품으로 자리하기 시작한 17세기 후반은 설탕이 도시 중산층에게 보급되기 시작한 시기다. 네덜란드인들은 칼로리가 없고 쓴맛의 자극제인 차에 칼로리가 높고 강한 단맛의 감미료인 설탕을 넣어 마셨다. 티타임은 부유한 도시 중산층의 전유물인 차와 설탕의 만남이었다. 부유한 도시 중산층이 설탕을 넣은 차를 마심은 곧 고품격 취미를 즐긴다는 것을 의미했다. 차와 설탕이 함께하며 사회적 지위, 즉 과시의 표시가 한층 더 업그레이드되었다.

설탕을 넣은 차를 마시자 설탕기가 자연스럽게 티테이블에 자리하였다. 당시 설탕은 고깔모자처럼 생긴 커다란 덩어리였다. 이 설탕 덩어리를 먹기 좋은 크기로 깨서 설탕기에 담았다. 처음 중국의 합에 담아 사용하던 설탕이 티타임에 필수품으로 자리하자 설탕 전용기가 만들어졌다. 피터 게리츠 반 로에스트라텐의 〈두 개의 찻잔이 있는 정물〉, 〈(테이블보가) 부분 깔린 선반 위의 이싱 자사호와 중국 도자기 찻잔이 있는 정물〉, 〈도자기와 락캔디가 있는 정물〉 등의 다기 정물화에 설탕기가 보인다.

그림 37 뚜껑이 있는 단지(중국, 암스테르담 국립미술관)

신비스러운 향취와 희소성으로 중세 유럽인들은 향신료의 매력에 빠졌다. 중세 유럽, 향신료는 쉽게 구할 수 없고 비싸서 누구나 가까이 할 수 없는 사치품이었다. 그래서 향신료를 과다하게 사용함은 음식의 품위를 높이기 위함이자 자신의 부를 표현하는 행위였다. 부유함과 신분, 품위를 보여주기에 더없이 좋은 향신료는 17세기 네덜란드에 의해 유럽에 대량 유통되었다. 17세기의 향신료는 중세만큼 귀중품은 아니었지만 값비쌌다. 이국적인 향미의 미각식품인 향신료는 호화로운 방식으로 식탁에 제공되었다. 그림 38은 은기로 된 향신료통으로, 네덜란드 동인도회사가 설립되기 전 이미 아시아로 성공적인 향신료 무역을 한 모리셔스호 Mauritius를 디자인하고 있다. 내부는 다양한 향신료를 담을 수 있도록 여러 칸으로 나뉘어 있다.

설탕과 향신료를 첨가한 차는 네덜란드의 부유한 상류층의 생활에 활력을 주는 특별한 동양의 선물이었다. 네덜란드인들은 허브나 향신료 우린 물을 차에 섞은 가향차를 마시기도 했다. 이러한 모습은 1701년 상연

그림 38 향신료통(암스테르담 국립미술관)

그림 39 (좌) 빌렘 칼프, 〈중국 도자기 항아리가 있는 정물〉(인디애나폴리스 미술관), (우) 생강단지
(암스테르담 국립미술관)

한 희극 〈차에 푹 빠진 귀부인들〉에도 보인다.

> 혼합차를 좋아하는 손님을 위해 차호에 사프란^{saffron} 을 우려둔다. 사프
> 란을 우린 티포트와 찻잎을 우린 찻잔을 손님에게 건넨다. 손님은 사프
> 란 차를 찻잎을 우린 찻잔에 부어 마신다.

스트레이트 티보다 혼합차를 좋아하는 손님을 위한 안주인의 배려이
다. 네덜란드 의사 겸 곤충학자인 스티븐 블랑카트^{Steven Blankaart} 의 "향신
료나 허브를 차에 넣어 마시면 훨씬 맛이 좋다"는 글이 위 내용을 확인시
켜 준다.

허브나 향신료, 차는 청화백자 항아리, 생강단지^{ginger jar} 등에 담아두
었다. 생강단지는 어깨가 높은 둥그런 형태로, 서양에서 중국의 항아리를
변형한 단지이다. 화려한 조각 혹은 그림이 단지 겉면을 장식해 실내 인

17세기 네덜란드 회화 속 차문화_욕망의 산물, 차와 도자기

그림 40 (좌) 사무엘 반 엔훈, 그리크체 A 향신료통, 델프트, (우) 향신료통, 델프트(암스테르담 국립미술관)

테리어 소품으로도 활용되었다.

델프트의 도자 회사들도 향신료통을 만들었다. 그림 40은 그리크체 도자회사에서 만든 향신료통으로, 보석함처럼 조그맣고 아름답다. 중국 풍 문양을 모티브로 당시 최신 유행의 디자인이었다. 향신료통 바닥에는 SVE가 표시되었는데, 이는 사무엘 반 엔훈Samuel van Eenhoorn이 제작했음을 의미한다. 사무엘 반 엔훈이 운영한 당시 그리크체 A는 네덜란드 왕실은 물론이고, 영국의 메리 2세, 주 스웨덴 대사 부인 등이 주문할 정도로 명성이 높았다.

그림 41 오시아스 비어트, 〈굴이 있는 정물〉, 은 향신료통(바르샤바 국립박물관)

티타임을 진행하는 안주인은 차를 우리기 전에 허브나 향신료를 우려두고 그 후 차를 우렸다. 찻물을 따른 찻잔을 허브나 향신료를 우린 티포트와 함께 건넸다. 기호대로 허브티 혹은 향신료티를 찻잔에 따라 마셨다. 이때 허브티나 향신료티 포트pot 는 작은 티포트 혹은 실버포트silver pot를 사용했다. 오시아스 비얼트Osias Beert 의 〈굴이 있는 정물〉에는 굴접시 왼쪽에 쿠키가 담긴 만력제 청화백자 접시가, 오른쪽에 주전자를 닮은 화려한 은 향신료통silver spice box 이 있다. 은으로 만든 향신료 통이 점차 소형 향신료 포트로 바뀐 것은 아닐까.

버림그릇, 다식접시, 티스푼

버림그릇slop bowl

티타임의 티테이블에는 설탕기보다 큰 사이즈의 사발 형태 그릇이 있다. 바로 찻잎 찌꺼기나 물을 버릴 때 사용하는 버림그릇으로 퇴엽기退葉器 이자 퇴수기退水器 이다.

필립 타이드만의 〈응접실 티테이블에 자리한 다정한 동료들〉, 마티아스 나이베우의 〈네덜란드의 애프터눈 티〉, 로엘로프 코에츠 2세의 〈네덜란드 가족의 티타임〉 등의 장르화와 피터 게리츠 반 로에스트라텐의 〈찻잔이 있는 정물〉, 〈테이블 위의 중국 도자기 컵과 그릇, 거울, 은쟁반, 초상화 메달 등 물건들〉, 〈정물〉 등의 정물화 등에 버림그릇 용도의 다기가 보인다. 버림그릇의 형태는 대체로 클라무츠 볼klapmuts bowl 이다.

동양의 사발을 유럽식으로 변형한 그릇을 클라무츠 볼이라 하는데, 이는 스프나 스튜와 같은 물기 있는 음식을 담는 식기로, 네덜란드에서 그

그림 42 피터 게리츠 반 로에스트라텐, 〈테이블 위의 중국 도자기 컵과 그릇, 거울, 은쟁반, 초상화 메달 등 물건들〉, 클라무츠 볼 상세부분

그림 43 (좌) 클라무츠 볼, (우) 버림그릇(암스테르담 국립미술관)

들의 식생활에 맞게 디자인했다. 중국과 일본의 큰 사발, 클라무츠 볼은 티타임에서 버림그릇으로 활용되었다. 이후 티타임을 즐기는 이들이 점차 많아지자 전용 버림그릇이 동양에서 수입되고, 네덜란드에서 만들어졌다.

다식접시|tea-food dish

17세기에 이르러 네덜란드인들의 미각 취향이 신맛에서 단맛 선호로 바뀌었다. 달콤한 설탕이 식문화에 자리하며 설탕이 들어간 과자나 빵 등이 호사스러운 디저트로 등장했다. 디저트와 다식 tea food 이 세련되지며, 미각에 새로운 사치가 생기게 된 것이다.

그림 44 얀 스테인, 〈성 니콜라스 축제〉(암스테르담 국립미술관)

그림 45 피터 게리츠 반 로에스트라텐, 〈초콜릿컵이 있는 정물〉의 티푸드 접시 상세부분(p. 182 참조)

17세기 네덜란드 회화 속 차문화_욕망의 산물, 차와 도자기

네덜란드에서 쿠키는 티타임에 자리하기 전부터 즐겨 먹던 간식이다. 17세기 유럽에서 향신료의 중심은 암스테르담이었고, 정제 설탕도 유럽의 대표적인 소비국이었다. 도시의 중산층들은 향신료와 설탕을 감당할 수 있을 만큼 부유했다. 육두구, 정향, 계피, 생강, 커런트, 캐러웨이 등 이국의 향신료를 넣은 스페큘라스 Speculaas, 생강빵 등의 쿠키를 만들어 먹었는데, 이는 12월 5일 성 니콜라스 축제 때 즐겨 먹는 쿠키였다. '쿠키를 먹는 사람들'이라는 별명을 가질 정도로 암스테르담 시민들은 쿠키를 즐겨 먹었다.

티타임이 늘어나면서 케이크, 쿠키, 마지팬 등을 담은 다식 접시가 티테이블에 자리하곤 했다. 달콤한 다식은 티타임을 더욱 화기애애한 시간으로 만들어 주었다.

티스푼

티타임이 부유한 도시 중산층의 라이프 스타일로 자리하기 시작하면

그림 46 피터 게리츠 반 로에스트라텐, 〈중국 찻잔이 있는 정물〉 티스푼 상세부분(p. 183 참조)

그림 47 (좌) 마티아스 나이베우, 〈네덜란드의 애프터눈 티〉 스푼 상세부분(p. 120 참조), (우) 티스푼
(암스테르담 국립미술관)

서 동양과는 다른 다기들이 추가되었다. 스푼은 그중 하나다. 티타임에는
작은 스푼이 사용되었다. 티타임에서 스푼은 찻잔의 설탕을 녹이고, 차를
저어 마시는 데 사용했다.

스푼의 재료는 금, 은, 백납, 너도밤나무 등이었는데, 17세기 부유함과
신분의 상징인 티타임에서는 금과 은이 스푼의 주재료였다. 피터 게리츠
반 로에스트라텐의 차 관련 그림에는 상단이 세 부분으로 나뉜 단순한 디
자인의 금 스푼이 보인다.

17세기 스푼의 디자인은 사람의 귓바퀴를 닮은 오리큘러 스푼Auricular
spoons, 기둥 상단에 장식이 있는 발루스터 탑 스푼Baluster top spoon, 쥐꼬
리가 거꾸로 달린 타원형 스푼인 발굽 스푼hoof spoon, 스푼의 상단이 세
부분으로 나뉜 트레피드 스푼trifid spoon 등이 주를 이루었다.

나가며

차는 낯설면서도 친숙한 음료이다. 기원전부터 음용했던 차는 지금도 여전히 사랑받고 있다. 중국의 서남부에서 태어난 차는 오늘날 모든 대륙에 자리하고 있다. 가장 오래된 음료이면서도 가장 세련된 음료가 된 배경에는 차가 지닌 다양성과 유연성, 변용성이 자리하고 있다. 차가 동양뿐만 아니라 서양인들에게도 사랑받을 수 있었던 것은 경계 없이 품은 포용력 덕분이다.

이 책은 차가 유럽으로 건너가 차문화를 형성하는 과정을 그렸다. 16세기 유럽인들은 아시아에서 차를 처음 발견했다. 17세기에 이르자 네덜란드는 아시아를 비롯한 세계 전역에서 새로운 정보를 유럽으로 전했다. 네덜란드에서 빠르게 새로운 문화가 생성되었고, 첨단 유행이 발원했다. 차 역시 그러했다. 서양에서 차의 혁신이 시작되었다.

17세기 네덜란드 동인도회사는 차를 무역상품으로 선택했다. 차는 점차 국제 교역품으로 중요한 자리를 차지해 갔다. 유럽으로 건너온 동양의 차는 종교와 결별한다. 약이자 기호음료인 차에는 많은 것이 내포되어 있어 네덜란드인에게 매력적으로 다가왔다.

17세기 유럽에서 티타임은 부유해야 즐길 수 있는 문화였다. 차와 다구가 자리한 티타임은 재력과 미적 감각, 안목을 동시에 보여준 시공간이었다. 차에 설탕, 향신료 등을 가미하는 등 먹는 방법도 달랐다. 그들의 생활양식과 미적 감각에 따라 다구는 2층 티테이블, 거름망을 부착한 티포트, 체인과 장식을 부착한 티포트 등으로 변형되었다. 그들의 입맛과 생활관습에 맞게 티케틀 스탠드, 설탕기, 스푼 등 새로운 다구들이 잇따라 티테이블에 자리했다. 티타임을 위한 나름의 행다 순서와 규칙도 만들어졌다. 티타임은 낯선 새로움을 즐기는 시간이었고, 여유로움을 누리는 시간이었다. 무엇보다 티타임은 화려한 문화였다.

네덜란드만의 독특한 차문화가 자리한 데에는 칼뱅주의의 영향이 컸다. 칼뱅은 물질의 소유와 부의 향유를 죄악시하지 않았다. 네덜란드 소비자들은 해외 산품과 국산품들로 사치와 편안함을 즐겼다. 당시 네덜란드는 가족에 대한 의미가 사회적으로 중요했다. 가정에서 여성의 역할 또한 중요한 가치를 두었다. 가정생활을 전담한 여성은 차가 가정에 들어오면서 차의 구입에서부터 티타임의 행다까지 거의 모든 찻일을 담당했다. 가족과 함께 보내는 더없이 소중한 시간에, 친인척들과의 만남에 차가 자리하기 시작했다. 여성들은 주도적으로 찻자리를 진행했다. 가정에서 여성 중심의 차문화 소비가 행해졌다.

가족의 공간인 집은 가장 허젤러흐 gezellig 한 공간이다. 네덜란드인이라면 누구나 가장 좋아하는 것이 허젤러흐이다. 편안함, 아늑함, 따스함, 화목함, 친밀함, 여유로움 등의 의미를 지닌 허젤러흐는 사랑하는 이들과 자리할 때 느끼는 감정이다. 가정에서 식사시간은 물론이고 새롭게 여가시간으로 자리하기 시작한 티타임 역시 허젤러흐한 모임을 대변한다. 허젤러흐는 가족과 친인척, 벗 등 사랑하는 사람들과 '함께'의 가치가 빛나는 시간이었다. 차는 가정에서 즐기는 여유로운 일탈이었다.

동양의 차가 유럽에 오면서 동양의 문화를 그대로 이식하지는 못했지만 유럽인들에게 신비한 약이자 새로운 즐거움이 되었다. 17세기 네덜란드는 유럽에서 첫 차문화 소비국이 되었다. 네덜란드인들은 티타임으로 행복한 여가를 맛보았고, 이러한 모습은 유럽 각국으로 전해졌다. 네덜란드의 황금시대 문화상품으로 주목받았던 차는 이후 유럽인들, 나아가 세계인들의 삶에 커다란 변화를 주었던 것이다. 즉 네덜란드로의 차 유입은 차 세계화의 시작이었다. 차는 네덜란드에 의해 중국과 일본이라는 지역적 한계를 넘어 유럽으로 확장되었다. 17세기 네덜란드는 유럽을 새로운 차의 공간으로 확장시킨 가교였다.

18세기에 들어서며 차문화의 주도권은 영국으로 넘어갔다. 이후 유럽의 차문화는 영국에 의해 전 세계로 확산되었다. 영국은 동양과 네덜란드의 차문화의 영향을 받아 서양의 차문화를 완성시켰다. 그러나 네덜란드는 차문화 세계화의 첫 시작을 열었다. 차는 이후 교역과 교류, 모방과 학습 등을 통해 유럽을 넘어 지구 곳곳으로 세계화 과정을 거치며 점차 전 세계가 차문화권이 되어갔다. 대항해시대 이후 유럽이 세계 경제의 주도권을 쥐게 되었던 것처럼 차문화 역시 동양에서 비롯되었으나 서양에 의해 세계화되었다. 그 시작점이 17세기 네덜란드인 것이다.

이 책이 이러한 서양의 차문화 형성에 대한 이해가 풍부해지는 작은 디딤돌이 되었으면 한다.

참고문헌

▶ **국문 자료**

강현숙 (2010). 『일본의 전다도』, 조율.

국립중앙박물관 (2020). 『도자기에 담긴 동서교류 600년』, 국립중앙박물관.

국립진주박물관 (2019). 『조선도자, 히젠의 색을 입다』, 국립진주박물관.

국립해양문화재연구소 (2017). 『대항해시대 바닷길에서 만난 아시아 도자기』, 국립해양문화재연구소.

김기윤 (2021). 「일본 아리타(有田) 자기(磁器)의 특징과 현주소」, 『기초조형학연구』 22권 4호, 한국기초조형학회.

김석균 (2022). 『해금』, 예미.

김소희 (2017). 「근면혁명의 주체: 17세기 네덜란드 장르화에 재현된 여성의 경제활동」, 『미술사와 시각문화』 20권 20호, 미술사와 시각문화학회.

김소희 (2019). 「17세기 네덜란드 인형의 집 연구」, 『한국미술사교육학회지』 37권 37호, 한국미술사교육학회.

김영숙 (2013). 『네덜란드, 벨기에 미술관 산책』, 마로니에북스.

김유정 (2017). 「17세기 일본 도자의 등장과 무역시장 변동의 동학」, 서울대학교 대학원 석사논문.

김재규 (2000). 『유혹하는 도자기』, 한길아트.

김혜경 (2012). 『예수회의 적응주의 선교 역사와 의미』, 서강대학교출판부.

데이비드 E. 먼젤로 (2009). 『진기한 나라, 중국: 예수회 적응주의와 중국학의 기원』, 이향만 옮김, 나남.

리궈룽 (2019). 『제국의 상점』, 이화승 옮김, 소나무.

리우룽 (2008).『차』, 홍혜율 옮김, 대가.

미스기 다카토시 (2001).『동서도자교류사: 마이센으로 가는 길』, 김인규 옮김, 눌와.

민은경 · 정병설 · 이혜수 외 (2020).『18세기의 방』, 문학동네.

방병선 (2009).「17세기 중국 무역도자 연구–유럽과 동남아를 주심으로」,『강좌미술사』 33권 33호, 한국미술사연구소.

방병선 (2017).「네덜란드공화국 유입 델프트 도기에 미친 영향」,『강좌미술사』 48권 48호, 한국불교미술사학회.

방병선 (2020).「포르투갈 · 스페인 시장용 명대 크라자기 연구」,『강좌미술사』 54권 54호, 한국미술사연구소.

배경진 (2008).「18세기 유럽의 물질문화와 중국풍 도자기」, 연세대학교 대학원 석사 논문.

베아트리스 호헤네거 (2012).『차의 세계사』, 조미라 · 김라현 옮김, 열린세상.

볼프강 쉬벨부쉬 (2000).『기호품의 역사』, 이병련 · 한운석 옮김, 한마당.

세릴 버클랜드 (2020).『네덜란드』, 임소연 옮김, 시그마북스.

센 겐시츠 (2013).『한 잔의 차로부터 피스풀니스를』, 박전열 옮김, 그린헬스힐링.

소피 D. 코 · 마이클 D. 코 (2000).『초콜릿』, 서성철 옮김, 지호.

손수연 (2014).「17세기 네덜란드 판화와 물질문화」,『미술사연구』 28호, 미술사연구회.

손수연 (2014).「네덜란드 장르화와 엠블럼 판화의 융합」,『한국미술사교육학회지』 28호, 한국미술사교육학회.

손수연 (2015).「네덜란드 장르화에 재현된 도자기」,『미술사와 시각문화』 15권 15호, 미술사와 시각문화학회.

송동훈 (2019).『대항해시대의 탄생』, 시공사.

송병건 (2017).『세계화의 풍경들』, 아트북스.

송병건 (2019).『경제사』, 해남.

송병건 (2020).『비주얼 경제사』, 아트북스.

시드니 민츠 (1998).『설탕과 권력』, 김문호 옮김, 지호.

아사다 미노후 (2004).『동인도회사』, 이하준 옮김, 파피에.

양승윤 (2013).『인도네시아』, 한국외국어대학교 출판부.

양정윤 (2017).『내밀한 미술사: 17세기 네덜란드 미술 읽기』, 한울.

예위칭촨 (2005).『공부차』, 박용모 옮김, 한솜미디어.

와타나베 요시료 (2013).「히젠 도자기의 해외수출과 나가사키항」,『로컬리티 인문학』 10호. 부산대학교 한국민족문화연구소.

왕량 (2012). 「1662년 이전 네덜란드 동인도회사의 동아시아무역에 관한 연구」, 부산 대학교 대학원 석사논문.

왕충런 (2005). 『중국의 차문화』, 김하림 · 이상호 옮김, 에디터.

우스이 류이치로 (2009). 『커피가 돌고 세계사가 돌고』, 김수경 옮김, 북북서.

윌리엄 H. 우커스 (2013). 『All about coffee』, 박보경 옮김, 세상의 아침.

유홍준 (2013). 『나의 문화유산답사기 일본편 1: 규슈』, 창비.

유홍준 (2014). 『나의 문화유산답사기 일본편 4: 교토의 명소』, 창비.

이길상 (2023). 『커피가 묻고 역사가 답하다』, 역사비평사.

이은상 (2014). 『중국, 로컬을 읽다』, 한국학술정보.

이지은 (2019). 『귀족의 시대 탐미의 발견』, 모요사.

이한순 (2003). 「얀 스테인과 17세기 네덜란드의 연극」, 『서양미술사학회논문집』 20 권, 서양미술사학회.

이한순 (2018). 『바로크시대의 시민미술』, 세창출판사.

이화승 (2004). 「明 · 淸時期 商業의 發展과 商人勢力의 成長」, 『중국학논총』 18권 18 호, 한국중국문화학회.

이화승 (2013). 『상인이야기』, 행성B.

임영방 (2011). 『바로크』, 한길아트.

장은아 (2023). 「중국 명 · 청(明淸) 시대 4대 요지의 수출 도자 연구」, 단국대학교 대 학원 박사논문.

장혜진 (2019). 「16세기 일본에서의 예수회의 적응과 일본의 포섭-대외관계사적 관 점에서-」, 『교회사연구』 55권 55호, 한국교회사연구소.

정승호 (2022). 『호레카 속의 티 세계』 1, 한국티소믈리에연구원.

정은희 (2005). 「17~18세기 유럽의 차논쟁과 차의 사회적 수용」, 『차문화학』 1권 2호, 한국국제차문화학회.

정은희 (2007). 『홍차이야기』, 살림.

정은희 (2015). 『한국과 영국의 차문화 연구』, 학연문화사.

정은희 (2018). 「17세기 네덜란드 정물화에 재현된 다구의 특성」, 『차문화학』 40권, 한국국제차문화학회.

정은희 (2018). 「17세기 네덜란드 회화에 재현된 차문화-장르화와 일러스트레이션 을 중심으로-」, 『차문화학』 41권 1호, 한국국제차문화학회.

정하미 (2013). 「네덜란드인의 에도여행과 '교토체재'-교토 지정숙소 에비야의 자료를 중심으로-」, 『일본어문학』 60호, 일본어문학회.

정희원 (2019). 「17~18세기 네덜란드와 영국의 인형집 - 젠더, 가정, 소설」, 『인문논총』 76권 1호, 서울대학교인문학연구원.

조용준 (2016). 『일본 도자기여행: 규슈의 7대 조선가마』, 도도.

조용준 (2017). 『일본 도자기여행: 교토의 향기』, 도도.

조준희 (2011). 「야콥 카츠의 엠블럼집을 통해서 바라본 17세기 네덜란드의 시민문화」, 『서양사연구』 45권 45호, 한국서양사연구회.

조지 듄 (2016). 『거인의 시대: 명말 중국 예수회 이야기』, 문성자·이기면 옮김, 지식을 만드는 지식.

주강현 (2005). 『제국의 바다 식민의 바다』, 웅진지식하우스.

주경철 (2005). 「네덜란드 동인도회사와 아시아교역: 세계화의 초기단계」, 『미국학』 28권, 서울대학교 미국학연구소.

주경철 (2011). 『대항해시대』, 서울대학교 출판문화원.

주경철 (2021). 「네덜란드 동인도회사와 아시아 해양 세계의 변화」, 『서양사연구 65권, 한국서양사연구회.

최란아 (2002). 『네덜란드 옛보기』, 학민사.

최영균 (2018). 「알렉산드로 발리냐노의 일본선교와 동아시아 적응주의」, 『교회사연구』 53, 한국교회사연구소.

최정은 (2000). 『보이지 않는 것과 말할 수 없는 것』, 한길아트.

최지혜 (2013). 『영국장식미술기행』, 호미.

츠노야마 사가에 (2001). 『녹차문화 홍차문화』, 서은미 옮김, 예문서원.

츠베탕 토도로프(2003). 『일상예찬: 17세기 네덜란드 회화 다시 보기』, 이은진 옮김, 뿌리와 이파리.

티모시 브룩 (2005). 『쾌락의 혼돈』, 이정·강인황 옮김, 이산.

팡리리 (2008). 『도자기』, 구선심 옮김, 대가.

패트리샤 버클리 에브리 (2010). 『케임브리지 중국사』, 이동진·윤미경 옮김, 시공사.

폴 프리드먼 (2009). 『미각의 역사』, 주민아 옮김, 21세기 북스.

프랑수아 지푸르 (2014). 『아시아 지중해: 16~21세기 아시아 해항도시와 네트워크』, 노영순 옮김, 선인.

하네다 마사시 (2012). 『동인도회사와 아시아의 바다』, 이수열·구지영 옮김, 선인.

홍성화 (2017). 「16~17세기 포르투갈의 對동아시아 무역의 성쇠: 마카오를 중심으로」, 『역사와 경제』 105권 105호, 경남사학회.

CCTV 다큐멘터리 대굴국기 제작진 (2007). 『대굴국기 강대국의 조건 1, 포르투갈 · 스페인』, 안그라픽스.

CCTV 다큐멘터리 대굴국기 제작진 (2007). 『대굴국기 강대국의 조건 2 네덜란드』, 안그라픽스.

▶ 영문 자료

Berg, Maxine, et al. (2015). *Goods from the East, 1600-1800: Trading Eurasia (Europe's Asian Centuries)*, Palgrave Macmillan UK.

Boxer, Charles Ralph (1993). *The Christian Century in Japan*, 1549−1650, Carcanet Press.

Caron, Francois and Schouten, Loost (1971). *A True Description of the Mighty Kingdoms of Japan & Siam*, Da Capo Pr.

Carswell, John (2000). *Blue&White: Chinese Porcelain Around the World*, Art Media Resources.

Charles River Editors (2017) *The Dutch East India Company and British East India Company: The History and Legacy of the World's Most Famous Colonial Trade Companies*, Create Space Independent Publishing.

Cooper, Michael, ed. (1965). *They came to Japan; an anthology of European reports on Japan, 1543-1640*, University of California Press.

Dam, Van Jan Daniel (2006). *Dutch Delftware 1620-1859*, Waanders Uitgevers.

de Zwart, Pim (2016). *Globalization in the Early Modern Era: New Evidence from the Dutch-Asiatic Trade, c. 1600-1800*, The Journal of Economic History Vol.76 No.2, Cambridge University Press.

Franits, Wayne E. (1993). *Paragons of Virtue: Women and Domesticity in 17th Century Dutch Art*, Cambridge University Press.

Gaastra, Femme S. (2003). *The Dutch East India Company: expansion and decline Hardcover*, Walburg Press.

Haasse, Hella S. and Rilke, Ina (2011). *The Tea Lords*, Granta Books.

Hallman, Emily (1984). *Seventeenth-Century Dutch Dollhouses: The Curation of Domesticity during the Dutch Golden Age*, Philadelphia Museum of Art Bulletin Vol.80 No.341, A 17th Century Dutch Room.

Hohenegger, Beatrice (2012). *LIQUID JADE: THE STORY OF TEA FROM*,

Griffin.

Jacobs, Els M. (1998). *In pursuit of pepper and tea: the story of the Dutch East India Company*, Walburg Pers.

Kaempfer, Engelbert (2023). *The History of Japan, Together With a Description of the Kingdom of Siam, 1690-92*, Legare Street Press.

Kamiso, Widaratih (2012). *The Dutch East India Company and the Chinese Tea Trade Before 1757*, Lembaran Sejarah Vol 9, No 2, Universitas Gadjah Mada.

Liu, Yong (2006). *The Dutch East India Company's Tea Trade with China, 1757-1781*, Brill Academic Pub.

McCants, Anne E.C. (2008). *Poor Consumers as Global Consumers: The Diffusion of Tea and Coffee Drinking in the Eighteenth Century*, Wiley New Series, Vol. 61.

Pettigrew, Jane (2001). *A Social History of Tea*, National Trust.

Pettigrew, Jane (2015). *The New Tea Companion: A Guide to Teas Throughout the World*, Benjamin Press.

Saldanha, Arun (2011). *The Itineraries of Geography: Jan Huygen van Linschoten's "Itinerario" and Dutch Expeditions to the Indian Ocean, 1594–1602*, Annals of the Association of American Geographers Vol.101 No.1, Taylor & Francis, Ltd.

Schweikardt, Christoph (2003). *More than just a propagandist for tea: religious argument and advice on a healthy life in the work of the Dutch physician Cornelis Bontekoe (1647-1685)*, Medical History Vol. 47.

Ukers, William H. (1935). *All about tea Volume 1*, The Tea and Coffee Trade Journal Company.

van Driem, George (2019). *The Tale of Tea*, Brillm, 2019.

Woodward, Nancy H. (1980). *Teas of The World*, Collier Macmillan Ltd.

▶ 중문 · 일문 자료

角山栄 (2007). 『茶の世界史』, 中公新書.

耿昇 (2016). 「從西方發現中國茶葉到海上茶葉之路的繁榮」, 『文化雜誌』, 中國社會科學院歷史研究所.

磯淵猛 (2005). 一杯の紅茶の世界史, 文藝春秋.

羅德里克·帕拉克 (1994). 「中國人、葡國人和荷蘭人在中國與東南亞之間的茶葉貿易 (1600−1750)」, 『文化雜誌』.

梁仁志 (2018). 「近代徽州茶商的崛起与新变─兼论徽商的衰落问题」. 『安徽大学学报 (哲学社会科学版)』.

村井康彦 (1979). 『茶の文化史』. 岩波書店.

▶ 웹사이트

https://www.aronson.com

https://archive.org

https://aziatischekeramiek.nl

https://www.biodiversitylibrary.org

https://www.britishmuseum.org

https://commons.wikimedia.org

https://www.dpm.org.

https://en.wikipedia.org

https://www.gdmuseum.com

https://www.guangzhoumuseum.

https://www.metmuseum.org

https://www.nationaltrust.org.uk

http://www.nmhc.jp

https://www.npm.gov

https://www.rijksmuseum.nl/

https://www.rmg.co.uk

https://www.vam.ac.uk

https://www.zeeuwsmuseum.nl/

17세기 네덜란드 회화 속 차문화

욕망의 산물, 차와 도자기

초판 발행 2024년 7월 30일

지 은 이 정은희
펴 낸 이 김성배
펴 낸 곳 도서출판 씨아이알

책임편집 신은미
디 자 인 윤현경 엄해정
제작책임 김문갑

등록번호 제2-3285호
등 록 일 2001년 3월 19일
주　　소 (04626) 서울특별시 중구 필동로 8길 43(예장동 1-151)
전화번호 02-2275-8603(대표)
팩스번호 02-2265-9394
홈페이지 www.circom.co.kr

I S B N 979-11-6856-242-4　93920